新能源与智能网联汽车维修技术彩色图解丛书

新能源汽车维修入门彩色图解

主　编　康　杰　刘福华
副主编　肖金浪　边爱文　钱洪恩

机械工业出版社
CHINA MACHINE PRESS

本书内容分为三大部分：第一部分主要讲解新能源汽车基本概念、高压安全防护、整车结构、安全操作等内容；第二部分主要讲解新能源汽车动力蓄电池、驱动电机以及整车控制系统三大技术核心的结构、原理与维修；第三部分主要讲解新能源汽车空调系统结构原理与维修、新能源汽车维护与PDI等内容。本书将新能源汽车理论知识与实际维修作业项目有机结合，侧重解决实际工作中遇到的问题。

本书图文并茂、通俗易懂、层次分明、突出实用性，注重职业能力的培养与提升，可作为新能源汽车维修人员的自学用书，也可作为职业院校新能源汽车专业的教材。

图书在版编目（CIP）数据

新能源汽车维修入门彩色图解 / 康杰，刘福华主编 . —北京：机械工业出版社，2021.4（2022.8 重印）
（新能源与智能网联汽车维修技术彩色图解丛书）
ISBN 978-7-111-68002-4

Ⅰ.①新… Ⅱ.①康…②刘… Ⅲ.①新能源 – 汽车 – 车辆修理 – 图解 Ⅳ.① U469.707-64

中国版本图书馆 CIP 数据核字（2021）第 065622 号

机械工业出版社（北京市百万庄大街 22 号 邮政编码 100037）
策划编辑：齐福江 责任编辑：齐福江 王海霞
责任校对：张 薇 封面设计：王 旭
责任印制：单爱军
北京虎彩文化传播有限公司印刷
2022 年 8 月第 1 版第 2 次印刷
184mm×260mm · 14.25 印张 · 364 千字
标准书号：ISBN 978-7-111-68002-4
定价：89.00 元

电话服务   网络服务
客服电话：010-88361066   机 工 官 网：www.cmpbook.com
　　　　　010-88379833   机 工 官 博：weibo.com/cmp1952
　　　　　010-68326294   金 书 网：www.golden-book.com
封底无防伪标均为盗版   机工教育服务网：www.cmpedu.com

 前　言

随着我国经济的飞速发展，人们的生活水平日益提高，汽车的产销量也不断创出新高。根据公安部交通管理局公布的全国机动车数据信息，2020年我国机动车保有量高达3.72亿辆。汽车在促进经济繁荣、给人们生活带来便利的同时，也带来了能源安全和环境污染等负面问题。传统汽车产业需要转型升级，通过发展新能源汽车来减缓环境及能源压力，汽车行业方能实现可持续发展。我国也迫切地期待在这一特殊时期与机遇面前能够实现"弯道超车"，提升国际竞争力。

国务院办公厅印发的《节能与新能源汽车产业发展规划（2021—2035年）》中明确指出：到2025年，纯电动乘用车新车平均电耗降至12.0kW·h/100km，新能源汽车新车销售量达到汽车总销售量的20%左右，高度自动驾驶汽车实现限定区域和特定场景商业化应用；到2035年，纯电动汽车成为新销售车辆的主流，公共领域用车全面电动化，燃料电池汽车实现商业化应用，高度自动驾驶汽车实现规模化应用，有效促进节能减排水平和社会运行效率的提升。

新能源汽车的热销增加了相关岗位的就业需求，产业的飞速发展与专业技能人才培养的滞后形成了鲜明的对比，造成了新能源汽车维修技术人才的奇缺。既具备新能源汽车专业知识，又有实际工作经验的新能源汽车维修高技能人才，成为人才市场上的一大需求热点。在专业技术人才一将难求的情况下，对现有员工进行再培训成为各企业获取新能源汽车维修技术人才的重要途径。与此同时，全国各中高职院校为迎合市场需求，满足社会发展和新能源汽车行业的需要，也纷纷开设新能源汽车运用与维修、新能源汽车技术等相关专业，积极培养具备新能源汽车专业知识的紧缺技能型人才。

为了满足广大新能源汽车售后市场从业人员的学习需求、丰富职业院校新能源汽车专业的教学资源，编者搜集、汇总、梳理了大量关于新能源汽车结构原理与维修的相关资料，并结合自己实际的一线维修工作与教学经验，把新能源汽车的理论知识、车间作业项目、故障案例以及维修经验融为一体，较为详尽地讲述了新能源汽车的结构原理、维修保养、总成更换、故障排除等内容。

本书由新能源汽车维修技术人员康杰、宜宾职业技术学院刘福华主编，玉溪技师学院肖金浪、衡水科技工程学校边爱文、玉溪技师学院钱洪恩任副主编，参编人员有宜宾职业技术学院王伟、郭文倩、秦学明。

由于编者水平有限，书中难免存在不妥之处，恳请读者朋友们予以批评指正。

编　者

目 录

第三章
动力蓄电池及其管理系统结构原理与维修

第六章
新能源汽车空调系统结构原理与维修

第七章
新能源汽车维护与 PDI

第一章

新能源汽车认知

第一节　新能源汽车的基本概念

一、新能源汽车的定义与分类

2017年1月6日，中华人民共和国工业和信息化部发布《新能源汽车生产企业及产品准入管理规定》（以下简称"规定"），并于2020年8月19日正式发布其修改后的版本。《规定》所称新能源汽车是指采用新型动力系统，完全或者主要依靠新型能源驱动的汽车，包括插电式混合动力（含增程式）电动汽车、纯电动汽车和燃料电池电动汽车等。

按照动力源的不同，新能源汽车可分为纯电动汽车（BEV）、增程式电动汽车（REEV）、混合动力电动汽车（HEV）和燃料电池电动汽车（FCEV）四种。

1. 纯电动汽车

根据GB/T 19596—2017《电动汽车术语》的定义，纯电动汽车（Battery Electric Vehicle，BEV）是指驱动能量全部由电能提供，由电机驱动的汽车。电机的驱动电能来源于车载可充电储能系统或其他能量存储装置。

（1）代表车型　特斯拉Model S（图1-1）、蔚来ES8（图1-2）、比亚迪E5、北汽EU5（图1-3）、江淮iEV、吉利帝豪EV450（图1-4）及各大城市的纯电动公交车等。

图1-1　特斯拉Model S

图1-2　蔚来ES8

图1-3　北汽EU5

图1-4　吉利帝豪EV450

（2）优点　可以实现行驶过程零排放，技术相对简单、成熟，只要是有电力供应的地方就能够充电。如果续驶里程和充电速度能达到汽油车的水平，纯电动汽车的普及率会更高。

（3）缺点　蓄电池单位重量储存的能量太少；蓄电池成本高，又未形成经济规模，故购买价格较高。至于使用成本，有的纯电动汽车比汽油车高，有的则仅为汽油车的1/3，主要取决于蓄电池的寿命及当地的油、电价格。

2. 增程式电动汽车

增程式电动汽车（Range Extended Electric Vehicle，REEV）是一种在纯电动模式下可以达到其所有的动力性能，而当车载可充电储能系统无法满足续驶里程要求时，打开车载辅助供电装置为动力系统提供电能，以延长续驶里程的电动汽车，且该车载辅助供电装置与驱动系统没有传动轴（带）等传动连接。

（1）代表车型　宝马 i3 增程版（图 1-5）、广汽传祺 GA5 增程版（图 1-6）、雪佛兰沃蓝达等。

图 1-5　宝马 i3 增程版

图 1-6　广汽传祺 GA5 增程版

（2）优点　具有较长的续驶里程，仅凭纯电动模式也能行驶数百千米。由于动力源为电动机，因此起步时加速动力很足，电动机的低速转矩大，因而加速快。在蓄电池电量消耗殆尽后，还可以依靠自带的内燃机发电，给蓄电池充电。依靠内燃机发电，增程式电动汽车完全可以行驶和传统汽车一样的里程。

（3）缺点　由于发动机和发电机并不直接驱动车轮，造成了这部分功率的浪费，并且发动机和发电机的质量并未减小，由于只有电动机驱动车辆，因此只能发挥出 "1 + 1 = 1" 的效果。例如，一辆增程式电动汽车携带了总功率为 200kW 的发动机和电机，但是，能驱动车轮的电动机功率只有 100kW。

3. 混合动力电动汽车

混合动力电动汽车（Hybrid Electric Vehicle，HEV）是指能够至少从下述两类车载储存的能量中获得动力的汽车：可消耗的燃料、可再充电能 / 能量储存装置。

（1）代表车型　丰田普锐斯（图 1-7）、丰田雷凌双擎（图 1-8）等。

（2）优点　采用混合动力后，可按平均需用的功率来确定内燃机的最大功率，此时处于油耗低、污染少的最优工况；可以通过动力蓄电池回收制动、下坡、急速时的能量，低速行驶时可关停内燃机，由动力蓄电池单独驱动，实现 "零" 排放；可方便地解决空调、除霜耗能大等纯电动汽车遇到的难题；可让动力蓄电池保持在良好的工作状态，不发生过充、过放，延长其使用寿命。

（3）缺点　结构复杂，维修难度较大，远距离行驶时基本不省油。

4. 燃料电池电动汽车

燃料电池电动汽车（Fuel Cell Electric Vehicle，FCEV）是指以燃料电池系统作为单一动力源或者是以燃料电池系统与可充电储能系统作为混合动力源的电动汽车。

（1）代表车型　丰田 Mirai，如图 1-9 所示。

图 1-7　丰田普锐斯

图 1-8　丰田雷凌双擎

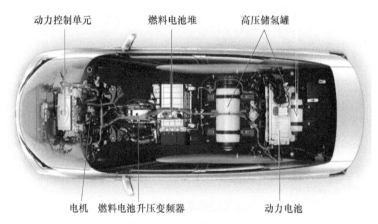

图 1-9　丰田 Mirai

　　燃料电池电动汽车大都是以氢气、甲醇等为燃料，通过化学反应产生电流，依靠电机驱动的汽车。其电池的能量是通过氢气和氧气之间的化学反应，而不是经过燃烧直接变成电能的。燃料电池的化学反应过程不会产生有害物质，因此燃料电池电动汽车是无污染的汽车；另外，燃料电池的能量转换效率比内燃机要高 2 ~ 3 倍，因此，从能源利用和环境保护方面来看，燃料电池电动汽车是一种理想的汽车。

　　（2）优点　零排放或近似零排放，减少了温室气体的排放；能量转换效率高，提高了车辆经济性；续驶里程长、运行平稳、无噪声。

　　（3）缺点　制造成本和使用成本过高，制取纯氢燃料还存在技术难点，目前氢供应基础设施尚不完善。

二、新能源汽车的发展前景

　　2016 年 10 月 26 日，由 500 多位行业专家编写的《节能与新能源汽车技术路线图》（以下简称《路线图 1.0》）正式发布。2020 年 10 月 27 日，在《路线图 1.0》的基础上，修订编制了《节能与新能源汽车技术路线图 2.0》，以下简称《路线图 2.0》。

　　《路线图 2.0》进一步研究确认了全球汽车技术"低碳化、信息化、智能化"的发展方向，客观评估了《路线图 1.0》发布以来的技术进展和短板弱项，深入分析了新时代赋予汽车产业的新使命、新需求，进一步全面描绘了汽车产品品质不断提高、核心环节安全可控、汽车产业可持续发展、新型产业生态构建完成、汽车强国战略目标全面实现的产业发展愿景，提出了面向 2035 年我国汽车产业发展的六大目标，即我国汽车产业碳排放将于 2028 年先于国家碳减排承诺提前达峰，至 2035 年，碳排放总量较峰值下降 20% 以上；新能源汽车将逐渐成为主流产品，汽车产业基本实现电动化转型；智能网联汽车产业生态持续优化，产品大规模应用；关键核心技术水平显著提升，形成协同高效、安全可控的产业链；建立汽车智慧出行体系，形成汽车、交通、能源、城市深度融合生态；技术创新体系基本成熟，具备引领全球的原始创新能力。科学规划了 "1+9" 的技术路线图，即总体技术路线图和节能汽车、纯电动和插电式混合动力汽车、氢燃料电池汽车、智能网联汽车、汽车智能制造与关键装备、汽车动力电池、新能源汽车电驱动总成系统、充电基础设施、汽车轻量化 9 个细分领域技术路线图。

　　在我国新能源汽车重大项目的不断推动下，在汽车行业及相关产学研单位的共同努力下，我国建立起了新能源汽车 "三纵三横" 的产业格局：将燃料电池电动汽车、混合动力电动汽车、纯电动汽车三种整车技术列为 "三纵"，将多能源动力总成电子控制系统（电控系统）、驱动电机、动力蓄电池三种关键技术列为 "三横"。新能源汽车产业格局如图 1-10 所示。

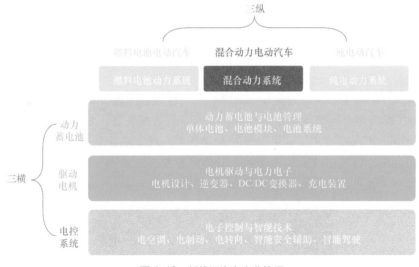

图 1-10　新能源汽车产业格局

　　2017 年 9 月 27 日发布的《乘用车企业平均燃料消耗量与新能源汽车积分并行管理办法》（即双积分政策），对新能源汽车的技术含量、配套设施、服务水平提出了更高的要求，该办法于 2018 年 4 月 1 日起施行。2020 年 6 月 15 日公布了该办法的修改决定，并于 2021 年 1 月 1 日起施行。

　　汽车产业不仅规模庞大、关联行业较多，还是众多产业技术创新的集合体，从行业现状来看，新能源汽车将是发展趋势。从产业规模上来说，我国已经连续三年成为全球新能源汽车产销第一大国，截至 2017 年年底，我国累计推广的新能源汽车总量超过 180 万辆。

　　2019 年 1 月 14 日，中国汽车工业协会发布了 2018 年全年汽车产销数据。2018 年，我国全年汽车产销分别完成 2780.9 万辆和 2808.1 万辆，居全球首位；新能源汽车产销分别完成 127 万辆和 125.6 万辆，比上年同期分别增长 59.9% 和 61.7%。其中纯电动汽车产销分别完成 98.6 万辆和 98.4 万辆，比上年同期分别增长 47.9% 和 50.8%；插电式混合动力电动汽车产销分别完成 28.3 万辆和 27.1 万辆，比上年同期分别增长 122% 和 118%；燃料电池电动汽车产销均完成 1527 辆。2020 年，我国新能源汽车产销 136.6 万辆和 136.7 万辆，同比增长 7.5% 和 10.9%。在新能源汽车主要品种中，与上年相比，纯电动汽车和插电式混合动力电动汽车产销均呈增长趋势，表现均好于上年，如图 1-11 所示。

图 1-11　2013—2020 年我国新能源汽车销量及其增长率

2019 年 7 月 1—3 日在海南博鳌举行了首届世界新能源汽车大会，如图 1-12 所示。大会的一个主要亮点就是与会各方达成了《世界新能源汽车大会博鳌共识》，其内容包括"汽车产业的可持续发展，对保障全球能源安全、应对气候变化、改善生态环境有着重要作用，也将是促进未来全球经济持续增长的重要引擎。促进汽车产业可持续发展，是全球汽车产业利益相关者共同的责任与奋斗的目标。""在百年未遇的大变革下，汽车产业利益相关方需要开展更全面、更紧密的协同合作，加快新技术的市场导入与推广普及，力争到 2035 年全球新能源汽车的市场份额达到 50%，全球汽车产业基本实现电动化转型"等。

图 1-12　首届世界新能源汽车大会

三、新能源汽车的应用特点

1. 污染少、噪声小

与燃油发动机汽车相比，新能源汽车行驶时不产生排放污染物，驱动电机工作时产生的噪声也比发动机产生的噪声小。但是，使用新能源汽车并非绝对无污染，例如，在使用铅酸蓄电池作为动力源时，在蓄电池制造和使用过程中人们都要接触到铅，蓄电池充电时会产生酸气，造成一定的大气污染。另外，蓄电池充电所用的电力，在用煤炭做燃料时也会产生 CO、SO_2、粉尘等有害排放物质。但总的来说，新能源电动汽车造成的污染比燃油发动机汽车要少得多。

2. 能源利用效率高、来源多样化

对新能源汽车的研究表明，其能源利用效率已超过燃油发动机汽车，特别是在城市工况运行时，汽车走走停停，行驶速度不高，新能源汽车更加适宜。这是因为新能源汽车停车时不消耗电量，在制动过程中，电动机还可以自动转变为发电机，实现减速制动时能量的回收利用。另一方面，新能源汽车的应用可有效地减少对石油资源的依赖。向蓄电池充电的电力可以由煤炭和天然气燃烧的热能、水能、核能、太阳能、风能、潮汐能等能源转化而来。除此之外，如果夜间向蓄电池充电，还可以避开用电高峰，有利于均衡电网负荷和减少费用。

3. 结构简单、维修保养方便

新能源汽车比传统的燃油发动机汽车结构简单，运转和传动的零部件比较少，维修保养工作量小。动力蓄电池、驱动电机的保养维护工作以检查、紧固为主。

4. 维修成本高、续驶里程短

目前，新能源汽车尚不如燃油发动机汽车技术完善，一方面是动力蓄电池的寿命短，更换成本高；另一方面是动力蓄电池的储存能量小，一次充电后的续驶里程不理想；另外，电动汽车的价格也比较贵。但从发展的角度来看，随着科技的进步，新能源汽车的上述问题会逐步得到解决。

5. 基础设施差、充电不方便

新能源汽车需要频繁充电，当车辆正常停放或长途行驶时，用于充电的设施非常少。此外，电动汽车的动力蓄电池充满电所需要的时间也比较长，使用的便捷性较差。

概括起来讲，新能源汽车主要是指以传统燃料之外的能源作为驱动能量的车辆，具有环境污染少、动力性和经济性好、使用和维修成本低等优势。新能源汽车与传统汽车的区别如图 1-13 所示。

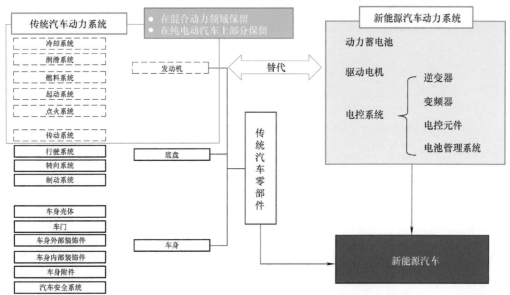

图 1-13 新能源汽车与传统汽车的区别

第二节　新能源汽车高压安全防护

一、触电危害

电能是一种非常方便的能源，它的广泛应用促进了人类近代史上第二次技术革命，有力地推动了人类社会的发展，给人类创造了巨大的财富，改善了人们的生活水平。但是，如果在生产和生活中不注意安全用电，很可能就会造成灾害，因此，只有在采取了必要安全措施的情况下，才能使用和维修电气设备。

在大力推广电动汽车的同时，如何保证驾驶人员、乘车人员以及汽车维修人员的人身安全，是值得人们特别关注的问题。在 GB/T 18384—2020《电动汽车安全要求》中，对电动汽车的电压做了规范定义，根据最大工作电压 U，将电气元件或电路分为 A、B 两个等级，见表 1-1。

表 1-1　电压等级

电压等级	最大工作电压 U/V	
	直流	交流（rms）
A 级	$0 < U \leqslant 60$	$0 < U \leqslant 30$
B 级	$60 < U \leqslant 1500$	$30 < U \leqslant 1000$

对于相互传导连接的 A 级电压电路和 B 级电压电路，当电路中直流带电部件的一极与电平台相连，且其他任意带电部分与这一极的最大电压值不大于 AC 30V（rms）且不大于 DC 60V，则该传导连接电路不完全属于 B 级电压电路，只有以 B 级电压运行的部分才被认定为 B 级电压电路。

根据欧姆定律（$I = U/R$），流经人体的电流大小与外加电压和人体电阻有关。人体电阻除了人自身的电阻，还应附加上人体以外的衣服、鞋、裤子等的电阻。虽然人体电阻一般可达5000Ω，但是，影响人体电阻的因素很多，如皮肤潮湿出汗、带有导电性粉尘、加大与带电体的接触面积和压力，以及衣服、鞋、袜的潮湿、油污等情况，均会使人体电阻降低，所以流经人体电流的大小通常是无法事先计算出来的。因此，为了确保安全，往往不采用安全电流，而是采用安全电压来进行估算。

当人体电阻一定时，人体接触的电压越高，通过人体的电流就越大，对人体的损害也就越严重。但并不是一接触电源就会对人体产生伤害，例如，在日常生活中，用手触摸普通干电池的两极时，人体并没有任何感觉，这是因为普通干电池的电压较低（DC 1.5V）。当作用于人体的电压低于一定数值时，在短时间内不会对人体造成严重的伤害，这种电压称为安全电压。

触电对人体的危害程度，主要取决于通过人体电流的大小和通电时间的长短。电流强度越大，致命危险越大；持续时间越长，死亡的可能性越大。行业规定安全电压为36V，持续接触安全电压为24V，安全电流为 10mA。人能够感觉到的最小电流称为感知电流，其值为 AC 1mA 和 DC 5mA；人体触电后能自己摆脱的最大电流称为摆脱电流，其值为 AC 10mA 和 DC 50mA；能够在较短的时间内危及生命的电流称为致命电流，其值为 50mA。在有防止触电保护装置的情况下，人体允许通过的电流一般为 30mA。人体触电反应见表 1-2。

表 1-2　人体触电反应

序号	电流 /mA	50Hz 交流电	直流电
1	0.6～1.5	手指开始感觉发麻	无感觉
2	2～3	手指感觉强烈发麻	无感觉
3	5～7	手指肌肉痉挛	手指感觉灼热和刺痛
4	8～10	手指关节与手掌感觉疼痛，手已难以脱离电源，但尚能摆脱电源	灼热感增加
5	20～25	手指感觉剧痛，迅速麻痹，不能摆脱电源，呼吸困难	灼热感更加强烈，手部肌肉开始痉挛
6	50～80	呼吸麻痹，心房开始颤动	强烈灼痛，手部肌肉痉挛，呼吸困难
7	90～100	呼吸麻痹，持续 3min 或更长时间后，心脏麻痹或心房停止跳动	呼吸麻痹

电动汽车的动力蓄电池是用低电压电池串联得到的，以获得 200～500V 的高电压，然后再转换成三相交流电。有些车型的高压系统，其电压甚至可以达到 600V 以上，因此在维修电动汽车的过程中，必须做好对高压电的安全防护工作。

二、触电急救

发生人身触电事故时，发现者一定不要惊慌失措，要动作迅速、救护得当。首先，要迅速使触电者脱离电源；其次，应立即就地进行现场救护，同时找医生救护。

1. 脱离电源

电流对人体作用的时间越长，对生命的威胁越大。所以，触电急救首先要使触电者迅速脱离电源。救护人员既要救人，也要注意保护自己，可根据具体情况选用拉、切、挑、拽和垫等方法。

"拉"是指就近拉开电源开关，拔出插销或断路器。

"切"是指用带有绝缘柄或干燥木柄的工具切断电源。切断时，应注意防止带电导线掉落而碰触到周围的人。对于多芯绞合导线应分相切断，以防短路伤人。

"挑"是指如果导线搭落在触电人身上或压在其身下，可用干燥的木棍或竹竿等绝缘工具挑开导线，使其脱离开电源导线。

"拽"是救护人戴上绝缘手套或在手上包裹干燥的衣服、围巾、帽子等绝缘物体拖拽触电人，使其脱离开电源导线。

"垫"是指如果触电人由于痉挛手指紧握导线或导线缠绕在其身上，救护人可先用干燥的木板或橡胶绝缘垫塞进触电人身下使其与大地绝缘，隔断电源的通路，然后再采取其他办法把电源电路切断。

2. 注意事项

1）救护人不得采用金属和其他潮湿的物品作为救护工具。

2）在未采取绝缘措施前，救护人不得直接接触触电者的皮肤、潮湿的衣服以及鞋子等。

3）在拉拽触电人脱离开电源电路的过程中，救护人宜用单手操作，这样做对救护人比较安全。

4）当触电人处于较高的位置时，应采取预防摔伤措施，预防触电人在脱离电源时从高处坠落而摔伤或摔死。

5）夜间发生触电事故时，在切断电源时会同时使照明断电，应考虑切断电源后的临时照明，如应急灯等，以利于开展救护工作。

3. 对症抢救

触电者脱离电源后，应立即将其移到通风处并使其仰卧，迅速检查触电者是否有心跳、呼吸等体征。

1）若触电者神志清醒，但感到全身无力、四肢发麻、心悸、出冷汗、恶心或虽一度昏迷但未失去知觉，应将触电者抬到空气新鲜、通风良好的地方，使其舒适地躺下休息并慢慢地恢复正常。要时刻注意保温和观察，若发现触电者呼吸与心跳不规律，应立刻设法抢救。

2）若触电者呼吸停止但有心跳，应用口对口人工呼吸法进行抢救。

3）若触电者心跳停止但有呼吸，应用胸外心脏挤压法进行抢救。

4）若触电者呼吸、心跳均已停止，需要同时采用胸外心脏挤压法与口对口人工呼吸法进行抢救。

5）不要给触电者打强心针或拼命摇动触电者，避免使触电者的情况更加恶化。

6）抢救过程要不停地进行，在送往医院的途中也不能停止抢救。当触电者面色好转、嘴唇逐渐红润、瞳孔缩小、心跳和呼吸逐渐恢复正常时，即说明抢救有效。

4. 施救方法

（1）口对口人工呼吸 在做人工呼吸之前，首先要检查触电者口腔内有无异物、呼吸道是否堵塞，特别是要检查咽喉部分有无痰堵塞。其次，要解开触电者身上妨碍呼吸的衣裤，并维持好现场秩序。具体方法如下：

1）将触电者仰卧，并使其头部充分后仰，一般应用一手托在其颈后，使其鼻孔朝上，以利于呼吸道畅通，但头下不得垫枕头或其他物品，同时将其衣扣解开。

2）救护者在触电者头部的侧面，用一只手捏紧其鼻孔，另一只手的拇指和食指掰开其嘴巴。

3）救护者深吸一口气，紧贴掰开的嘴巴并向内吹气，也可隔一层纱布，如图 1-14 所示。吹气时要用力并使其胸部膨胀，一般应每 5s 吹一次气，吹 2s，放松 3s。对儿童可小口吹气。

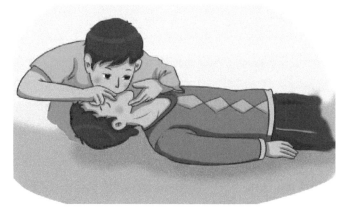

图 1-14 人工呼吸

4）吹气后应立即离开其口或鼻，并松开触电者的鼻孔或嘴巴，让其自动呼气。

5）在进行口对口（鼻）人工呼吸时，当发现触电者腹部充气膨胀时，应用手按住其腹部，并同时进行吹气和换气。

（2）胸外心脏挤压　胸外心脏挤压是在触电者心脏停止跳动后使其心脏恢复跳动的急救方法，是每一个电气工作人员都应该掌握的救护技能，方法如图1-15所示。

1）首先使触电者仰卧在坚实的地方，解开领口衣扣并使其头部充分后仰，鼻孔向上。也可由另外一人用手托在触电者颈后或将其头部放在木板端部，并在其胸后垫以软物。

2）救护者跪在触电者一侧或骑跪在其腰部的两侧，两手相叠，下面手掌根部放在触电者心窝上方胸骨下1/3~1/2的位置。

3）掌根用力垂直向下挤压，力量要适中，不得太猛，对成人应压陷3.8~5cm，频率约为60次/min；对16岁以下的青少年或儿童，一般应用一只手挤压，用力要比成人稍轻一些，压陷1~2cm，频率以100次/min左右为宜。

4）挤压后掌根应迅速全部放松，让触电者胸部自动复原，放松时掌根不要离开压迫点，只是不向下用力而已。

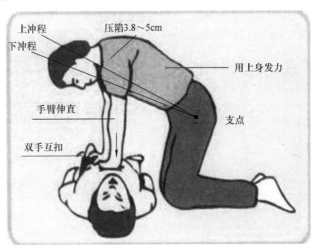

图1-15　胸外心脏挤压

5）为了达到良好的效果，在进行胸外心脏挤压的同时，必须进行人工呼吸，因为正常的心脏跳动和呼吸是相互联系且同时进行的。

注意： 实施胸外心脏挤压术时，切不可草率行事，必须认真坚持，直到触电者苏醒或其他救护人员、医生赶到。

5. 触电预防

（1）尽量避免带电作业　操作人员应尽量避免带电作业，特别是在一些比较危险的场所，应禁止带电作业。若必须带电操作，应采取必要的安全措施，例如由专人在现场进行监护及采取相应的安全绝缘措施等。

（2）完善安全措施　电气设备的金属外壳可采用保护接零或保护接地等安全措施，但在同一电力系统中，绝不允许一部分设备采取保护接零措施，另一部分设备采取保护接地措施。

（3）建立安全制度　按时进行安全检查，是发现设备缺陷、及时消除事故隐患的重要措施。安全检查一般应每季度进行一次，特别要加强雨季前和雨季中的安全检查。各种电器，尤其是移动式电器应建立定期检查制度，若发现安全隐患应及时加以处理。

（4）加强安全教育　加强电气安全教育和培训是提高电气工作人员的业务素质、加强其安全意识的重要途径。从事电工工作的人员除了应熟悉电气安全操作规程外，还需要掌握电气设备的安装、使用、管理、维护及检修工作的安全要求，具备电气火灾的灭火常识和触电急救的基本操作技能。

（5）设置作业警示　操作人员在全部停电或部分停电的电气设备上工作前，必须首先完成停电、验电、装设接地线、悬挂安全警示牌和装设防护栏等方面的工作，然后再进行实际作业。

三、新能源汽车高压安全设计

汽车安全分为主动安全和被动安全两大方面。主动安全就是尽量自如地操纵控制汽车。被动安全是指汽车在发生事故以后对车内乘员的保护，如今这一"保护"的概念已经延伸到车内外所有的人甚至物体。由于国际汽车界对于被动安全已经有了非常详细的测试细节的规定，因此在某种程度上，被动安全是可以量化的。对于新能源汽车而言，除了上述涉及的两个方面外，更多的是指高压电气系统的安全问题，如图 1-16 所示。

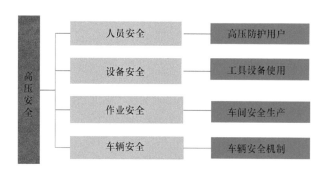

图 1-16　新能源汽车高压安全

根据新能源汽车的安全标准要求，并从车载储能装置、功能安全、故障保护、人员触电防护及高压电安全管理控制策略等方面综合考虑，应对电动汽车高压电系统进行以下四方面设计。

1. 高压电电磁兼容性设计

新能源汽车上存在高压交流电系统，具有较强的电磁干扰性，因此设计高压线束时，电源线与信号线应尽量隔离或分开配线；电源线两端应考虑采用屏蔽接地，以免接地回路形成共同阻抗耦合，将噪声耦合至信号线；输入与输出信号线应避免排在一起而造成干扰；输入与输出信号线应尽量避免在同一个接头上，如果不能避免，应将输入与输出信号线错开放置。

2. 高压部件和高压线束的防护与标记设计

高压部件的防护主要包括防水、机械防护及高压警告标记等。尤其是布置在发动机舱内的部件，如电机及其控制系统、电动空调系统、DC/DC 电压变换器、车载充电机等及它们中间的连接接口，都需要达到一定的防水和机械防护等级。并且高压部件应具有高压警告标记，以警示用户与维修人员在保养和维修时注意这些高压部件，如图 1-17 所示。

a) b)

图 1-17　高压警告标记

由于纯电动汽车线束包括低压线束与高压线束，为了提示和警示用户及维修人员，高压线束应采用橙色线缆并用橙色波纹管进行防护，如图 1-18 所示。同时，高压连接器也应标识为橙色，以起到警示作用，并且所选高压连接器应达到 IP67B 防护等级。B 级电压电路中电缆和线束的外皮应用橙色加以区分，外壳里面或遮栏后面的除外，B 级电压连接器可通过与之连接的线束来区分。

a) 橙色线缆 b) 橙色波纹管

图 1-18　高压线束

3. 预充电回路保护设计

因为高压设备控制器输入端存在大量的容性负载（电机控制器里面的大电容），直接接通高压主回路很可能会产生高压电冲击，所以高压系统需要采用预充电回路对高压设备进行预充电。

4. 高压设备过载与短路保护设计

当车辆上的高压设备发生过载或短路时，相关高压回路应能自动切断供电，以确保高压设备不被损坏，并保证人员和车辆的安全。例如，在相关高压回路中设置高压熔断器（图 1-19）和接触器，当发生过载或短路时，熔断器能够自行熔断，并且高压管理系统会通过对接触器的控制断开高压回路，同时发出声光报警。

四、新能源汽车高压安全防护

1. 防护用品

（1）绝缘鞋　绝缘鞋是辅助安全用品，适用于 AC 50Hz、1000V 或 DC 1500V 以下的电力

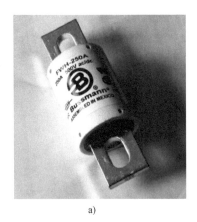

a)　　　　　　　　　　　　　　　b)

图 1-19　高压熔断器

设备检修工作。在鞋帮面或鞋底上应有标准号、"绝缘"字样或英文"EH"、闪电标记和耐电压数值，如 5kV、6kV、20kV 等，如图 1-20 所示。按照 GB 12011—2009《足部防护　电绝缘鞋》的要求，绝缘鞋应储存在干燥通风的仓库中，以防止霉变；堆放时离地面和墙壁 20cm 以上，离一切发热体 1m 以上，避免受油、酸碱类或其他腐蚀品的影响。储存期限一般为 24 个月（自生产日期起计算），超过 24 个月的产品须逐只进行电性能检验，只有符合电性能要求的鞋，方可以电绝缘鞋销售或使用。

（2）安全帽　安全帽按性能分为普通型（P）和特殊型（T）。普通型安全帽是用于一般作业场所、具备基本防护性能的安全帽产品；特殊型安全帽是除具备基本防护性能外，还具备一项或多项特殊性能的安全帽产品，适用于与其性能相应的特殊作业场所。具有电绝缘性能的特殊型安全帽按耐受电压大小分为 G 级和 E 级，G 级电绝缘测试电压为 2200V，E 级电绝缘测试电压为 20000V。绝缘帽如图 1-21 所示。

图 1-20　绝缘鞋　　　　　　　　　　　　　　图 1-21　绝缘帽

（3）护目镜　护目镜也叫安全防护眼镜，其种类很多，有防尘眼镜、防冲击眼镜、防化学腐蚀眼镜和防光辐射眼镜等。护目镜是一种能起到特殊防护作用的眼镜，应根据使用场合的不同选择合适的眼镜，如图 1-22 所示。

（4）绝缘手套　带电作业用绝缘手套简称绝缘手套，大部分是用天然橡胶制成的，主要用于电工作业。每只符合标准要求的手套都应具有以下标记：带电作业标志符号（双三角形）、可适用的种类、尺寸、电压等级、制造年月、定期检查日期及下次检查日期等，如图 1-23 所示。

图 1-22　护目镜

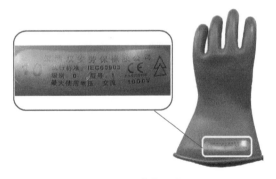

图 1-23　绝缘手套

在维修新能源汽车时，所使用绝缘手套的绝缘等级通常要求在 1000V/300A 以上。使用前必须进行充气检验，若发现有任何破损则不能使用，如图 1-24 所示；维修作业时，应将衣袖口套入绝缘手套筒口内，以防发生意外；使用后，应将绝缘手套内外的污物擦洗干净，待干燥后撒上滑石粉并平整地放置于干燥的环境中，避免受压受损，远离热源和腐蚀性物质；在使用 6 个月后必须进行预防型试验。

（5）绝缘地毯　绝缘地毯（图 1-25）又叫绝缘垫、绝缘垫胶板，是用绝缘性能优良的橡胶制造而成的，适用于各种电工作业场所。绝缘地毯主要有两种规格，分别为 1000mm×1000mm 和 815mm×850mm。其中每种规格的厚度有 6mm（抗 20kV）、8mm（抗 25kV）和 10mm（抗 30kV）。

图 1-24　充气检验

图 1-25　绝缘地毯

（6）绝缘工具　绝缘工具通常分为基本绝缘安全工具和辅助绝缘安全工具。基本绝缘安全工具是指能直接操作带电设备或可能带电的物体的维修工具，如图 1-26 所示。辅助绝缘安全工具的绝缘强度不足以承受设备或电路的工作电压，只是用于加强基本绝缘安全工具的保护作用，用以防止接触电压、跨步电压、泄漏电流电弧对操作人员造成伤害，即不能用辅助绝缘安全工具直接接触高压设备的带电部分，如绝缘手套、电绝缘鞋、绝缘垫等。按照相关规定，维修新能源汽车时使用的绝缘工具，其耐压等级应为 AC 1000V 及 DC 1500V。

（7）安全警示带　安全警示带也叫安全隔离带，主要由塑料和涤纶布两种材质制成。安全警示带常用于施工地段、危险地段、交通事故以及突发事件的隔离。在检修新能源汽车时可用于圈定操作场地，起到提醒他人注意、安全防范的作用。

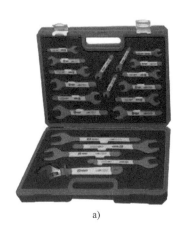

a)   b)

图 1-26　绝缘工具

（8）高压电警示牌　在高压电气系统的检修作业场所放置高压电警示牌，是保证工作人员安全的主要措施之一，以此起到安全警示作用，避免或减少安全事故的发生。根据作业内容不同，通常在警示牌上书写"严禁触摸　高压危险""严禁合闸　正在检修""严禁操作　正在检修"等字样。

注意：为了顺利完成电气系统的相关工作而又不发生安全事故，操作者必须携带和使用各种安全工具。

2. 个人防护

1）禁止携带钥匙、手表、首饰等导电物品。

2）穿好绝缘鞋、戴好绝缘手套和护目镜等防护用品，在车底拆装动力蓄电池或进行绝缘检测时，还需要佩戴绝缘帽。

3）拆装车辆高压部件时，必须使用维修电动汽车的专用绝缘工具，这样才能确保检修过程中的人身安全和设备安全。

4）电动汽车上导线的颜色具有特定的含义，鲜艳的橙色电缆用来警示有高压电危险，在检修此类电路和部件时必须进行高压防护。

5）在对新能源汽车进行维修或给动力蓄电池充电时，需要放置警示标志，并把车钥匙从点火开关上取下来保管好。

3. 火灾应对

电动汽车在发生交通事故、维修或因使用不当而造成短路时很容易引起火灾。电动汽车燃烧的火势比内燃机汽车更猛烈，火情更难控制，造成的危害也更大，如图 1-27 所示。这主要是因为其内部有大容量的动力蓄电池，而动力蓄电池内的化学物质在燃烧时可能会产生致命的有毒气体。电动汽车动力蓄电池的种类很多，使用比较普遍的有铅酸蓄电池、镍氢蓄电池、锂离子蓄电池等。其中，镍氢蓄电池内的活性物质是氧化镍、氢氧化钾、氧化钴等，这种蓄电池如果发生起火和爆炸，会产生威胁人体生命的有毒气体，因此灭火人员必须佩戴呼吸面罩。

电动汽车燃烧时不能用少量的水来灭火，蓄电池燃烧时水是起不到灭火作用的，一般采用泡沫灭火器或干粉灭火器来灭火。但是，这些灭火器都无法扑灭锂离子蓄电池燃烧的火情，在燃烧现场，首先应该把蓄电池与其他物品分开，让其自行燃烧完毕，因为这种蓄电池燃烧产生的热量相当高。

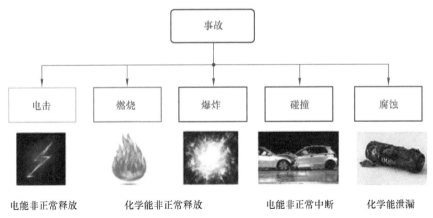

图 1-27 新能源汽车事故危害

根据中华人民共和国公安部的公消〔2016〕413 号文件《关于印发新能源汽车灭火救援规程和锂电池生产仓储使用场所火灾扑救安全要点的通知》，对新能源汽车火灾的处置措施如下：

1）对有人员被困的起火车辆，应坚持"救人第一、科学施救"原则，同步展开破拆、灭火、救人行动。

2）对火势处于初期阶段，现场满足断电条件的车辆，应立即实施断电操作，并将车辆钥匙装入信号屏蔽袋或放置到距离车辆 10m 外的区域。

3）对无法实施断电操作的车辆，且火势对被困人员和救援人员造成威胁时，应视情况使用喷雾水或干粉灭火器对火势进行压制。

4）根据现场环境和火势发展情况，判断是否对起火车辆实施稳固操作。

5）视情况使用消防过滤式综合防毒面具或空气呼吸器对被困人员实施呼吸保护。

6）当火势无法得到有效控制时，可视情况采用灭火毯等器材对被困人员实施保护，最大程度地避免其受到伤害，并迅速利用破拆、起重等救生器材展开救人行动。

7）对无人员被困的起火车辆，消防员应在距离起火车辆 10~15m 之外出水灭火。

8）高压供电源的电池组四周通常存有保护性构件，难以直接喷射到着火点时，应采用大量的水充分冷却高压供电源电池组外部，以防止火势蔓延至相邻电池单元。

2020 年 6 月 8 日，工业和信息化部装备工业发展中心发布了《关于开展新能源汽车安全隐患排查工作的通知》。再次强调新能源汽车的安全问题。

在新能源汽车厂商出具的紧急响应指南里，无一例外都提到了用水来灭火，而且应是大量且持续的水，这主要是出于以下两个目的：

（1）降温 美国消防协会（NFPA）做过相关测试，蓄电池燃烧时其外面的最高温度能达到 1090℃。用水长时间压制火苗，能防止热量进一步扩散，降低复燃的风险。

（2）稀释产生的有毒气体 新能源汽车使用的锂离子蓄电池在燃烧过程中会产生有毒气体，如氢氟酸、一氧化碳、氰化氢等。

4. 安全操作

1）严禁非专业人员对新能源汽车的高压部件进行拆卸或安装。

2）未经过高压安全培训的维修人员，不允许对高压部件进行维护。

3）车辆在维修作业前，必须确认点火开关处于"lock"档位，并断开低压蓄电池负极，然后用绝缘胶带做好蓄电池负极的绝缘处理。

4）在充电过程中，不允许对车辆进行任何拆装、维护作业。

5）高压部件打开或插头断开后，应先使用万用表对其电压进行测量，电压在60V以下时才可以进行下一步操作。

6）高压线束出现绝缘故障时应立即更换，不能用普通电缆代替。

7）严禁用水擦拭或冲洗车辆电气部分，严禁利用车身电源对车辆以外的其他设备进行供电。

8）遇雷雨、风雪等恶劣天气时，禁止在室外对电动汽车进行充电或维修作业。

9）当发现有人触电时，应立即切断电源进行抢救，在切断电源前严禁与触电者直接接触。

5. 日常使用注意事项

1）严禁驾驶车辆经过深度不明的涉水路段。

2）必须涉水时，涉水深度不应超过车轮轴线高度。

3）严禁使用高压水枪清洗前机舱内的高压部件，必要时只能用湿抹布进行清洁，以防止高压连接部件进水短路。

4）严禁在雷雨天气对户外的电动汽车进行充电，以防止触电事故发生。

5）严禁在崎岖山路或其他可能导致车辆托底的复杂路况上快速行驶，以避免车辆底部的动力蓄电池发生机械损伤。

6）严格按照车辆使用手册中的描述正确驾驶车辆，遇到故障时，应及时报修，不得私自对车辆进行拆装操作。

7）不得对车辆进行私自改装，以防止车辆电路短路而引起蓄电池起火。

6. 拖车注意事项

当新能源汽车出现故障需要拖车救援时，应采取以下措施：

1）车辆因故障需要拖车时，应采用驱动轮离地的方式拖车；当无法将驱动轮离地时，应拔下驱动电机的三相电缆插接器，并使用绝缘胶布包裹起来。

2）车辆因水淹需要拖车时，应穿戴绝缘胶鞋、绝缘手套，防止发生触电事故。

3）在对事故车辆进行拖车前，应先检查碰撞部位是否发生在危险区域，并使用红外测温仪对车辆危险部件进行温度检测。确保无危险后再拖车，危险部件通常距车辆最前端约500mm，距两侧边缘约130mm，距车辆最后端约250mm，如图1-28所示。拖车时应采取相关保护措施，避免对高压部件造成二次伤害。

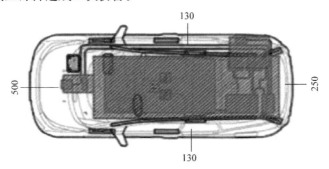

图1-28　新能源汽车危险部件温度检测区域

第三节　新能源汽车整车结构认知

新能源汽车是在传统汽车产业链的基础上发展而来的，在车辆结构上与传统汽车最大的区别是动力系统不同。新能源汽车的核心结构主要包括动力蓄电池总成、驱动电机总成和整车电控总成三部分，此外还有车辆辅助控制系统以及动力传动系统等部件，如图1-29所示。

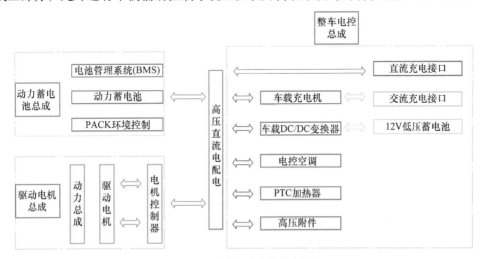

图1-29　新能源汽车的基本结构

一、新能源汽车的基本组成

新能源汽车的主要组成部件有动力蓄电池、驱动电机与电机控制器、高压盒、DC/DC变换器、车载充电机、整车控制器、充电接口等，如图1-30所示。

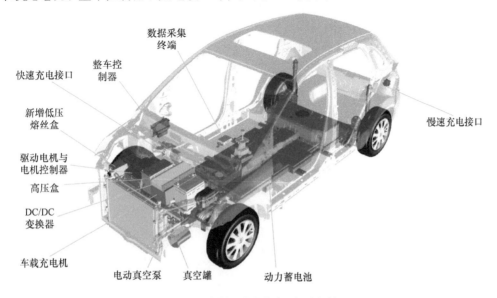

图1-30　新能源汽车的主要组成部件

1. 动力蓄电池系统

新能源汽车中动力蓄电池的成本占整车成本的50%左右，因此，动力蓄电池的性能决定着整车的性价比。电动汽车的动力蓄电池系统是一个集成的动力能量系统，它通过CAN总线与整车控制系统、充电机、电机控制器等部件进行通信并协同工作，以实现车辆的正常行驶。

2. 动力驱动系统

动力驱动系统是电动汽车的心脏，主要由驱动电机和电机控制器等组成。驱动电机是新能源汽车的三大核心部件之一，是车辆行驶的主要执行机构。驱动电机可以根据驾驶人的驾驶意图，将动力蓄电池的电能转换为机械能来驱动车辆行驶，或者将车轮上的动能反馈到动力蓄电池系统，以实现车辆的能量再生。

根据GB/T 18488.1—2015《电动汽车用驱动电机系统 第1部分：技术条件》的定义：驱动电机系统是驱动电机、驱动电机控制器及它们工作必需的辅助装置的组合。驱动电机是将电能转换成机械能，为车辆行驶提供驱动力的电气装置，该装置也可以具备将机械能转换成电能的功能。驱动电机控制器是指控制动力电源与驱动电机之间能量传输的装置，由控制信号接口电路、驱动电机控制电路和驱动电路组成。

3. 整车控制器

整车控制器通过采集驾驶信号来判断操纵者的意愿，根据车辆实时行驶情况、动力蓄电池及驱动电机的工作状态合理分配动力，使车辆运行在最佳状态。电动汽车以整车控制器为主节点，通过CAN总线网络对电动汽车动力链的各个环节进行管理、协调和监控，以此实现整车的驱动控制、能量优化控制、制动回馈控制以及网络管理等功能。

4. 高压盒

高压配电盒（简称高压盒）是新能源汽车高压电的分配单元。新能源汽车的高压系统普遍采用集中配电方案，其结构设计紧凑、接线布局方便。高压动力电源直接进入高压配电盒后，根据系统需要再分配到各个高压电气部件。此外，高压配电盒还集成了部分动力蓄电池管理系统的智能控制单元，从而进一步降低了整车配电系统的复杂程度。

5. DC/DC 变换器

根据GB/T 19596—2017《电动汽车术语》中的定义，DC/DC变换器是将某一直流电源电压转换成任意直流电压的变换器。DC/DC就是直流转直流的意思，可以将动力蓄电池的高压直流电转换为低压直流电，通常为12V，以此给新能源汽车的基础电气系统提供低压直流电源。

6. 车载充电机

按照QC/T 895—2011《电动汽车用传导式车载充电机》的定义，车载充电机是指固定安装在电动汽车上，将公共电网的电能变换为车载储能装置所要求的直流电，并给车载储能装置充电的装置。充电机能够根据电池管理系统（BMS）提供的数据，动态调节充电的电流或电压参数，自动完成充电过程。

7. 辅助控制系统

电动汽车的辅助控制系统用于保证和提高车辆的安全行驶性能。主要包括空调系统、冷却系统、电动转向装置、电控制动装置以及安全气囊等，借助这些辅助设备来提高车辆安全性和乘坐舒适性。

8. 车身基础电气系统

车身基础电气系统是汽车的重要组成部分之一，相当于电动汽车的神经系统，承担着基本功能应用、安全警示、能量与信息传递等功能，对车辆的动力性、经济性、安全性和舒适性等有着非常大的影响。车身基础电气系统是衡量现代汽车发展水平的一个重要标志，其科技含量已成为衡量现代汽车档次的重要指标之一。随着科技的发展，以及集成电路和微型电子计算机在汽车上的广泛应用，汽车电器的数量在增加、功率在增大，产品的质量、性能在提高，结构更趋于完善。

9. 动力传动系统

电动汽车驱动电机与车轮之间的动力传递装置称为动力传动系统。该系统可使车辆具有在各种行驶条件下所必需的牵引力，以及牵引力与车速之间协调变化的功能。目前，电动汽车的动力传动系统主要有以下三种布置形式：

第一种布置形式和传统发动机传动系统布置形式一样，仍带有变速器，主要是为了提高电动汽车的起动转矩及低速时的后备功率。装有这种传动系统的电动汽车主要是由燃油发动机汽车改装而成的。

第二种布置形式的最大特点是取消了离合器和变速器，因此对驱动电机的要求较高。不仅要求其有较高的起动转矩，而且要求其具有较大的后备功率，以保证电动汽车的起步、爬坡、加速超车等动力性能。

第三种布置形式是直接将驱动电机安装在驱动轮或驱动轴上，直接由电机实现变速、差速和换向。这种布置形式不仅要求驱动电机性能好，有较高的起动转矩、较大的后备功率，对控制系统的要求也很高。控制系统要有较高的控制精度，具备良好的可靠性，从而保证电动汽车安全、平稳地行驶。

二、北汽纯电动汽车高压系统结构

1. 分体式结构

早期的北汽新能源汽车上，高压部件采用单独布置形式，称为分体式高压结构（简称分体式结构），如图 1-31 所示，代表车型有 EV150、EV160 等。

图 1-31 分体式结构

采用分体式结构时，整车高压线束共分为 5 段，如图 1-32 所示。

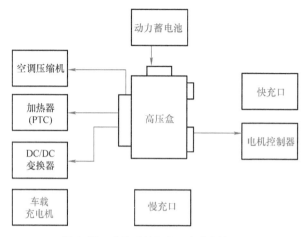

图 1-32　分体式结构高压电路连接原理

1）动力蓄电池高压电缆：连接动力蓄电池与高压盒的电缆。

2）电机控制器电缆：连接高压盒与电机控制器的电缆。

3）快充线束：连接快充口与高压盒的线束。

4）慢充线束：连接慢充口与车载充电机的线束。

5）高压附件线束（高压线束总成）：连接高压盒与 DC/DC 变换器、车载充电机、空调压缩机、加热器（PTC）的线束。

2. PCU 结构

将车载充电机和 DC/DC 变换器整合在一起，称为 PCU 总成，如图 1-33 所示，代表车型为 EC180。

图 1-33　PCU 结构

3. PDU 结构

PDU 结构是将车载充电机、DC/DC 变换器和高压盒集成在一起的产品，如图 1-34 所示，代表车型为 EX200、新款 EV160。

a) 实物　　　　　　　　　b) 组成

图 1-34　PDU 结构

采用 PDU 结构的北汽新能源汽车，其整车高压线束共分为 7 段，如图 1-35 所示。

1）动力蓄电池高压电缆：连接动力蓄电池与 PDU 的电缆。

2）快充线束：连接快充口与 PDU 的线束。

3）慢充线束：连接慢充口与 PDU 的线束。

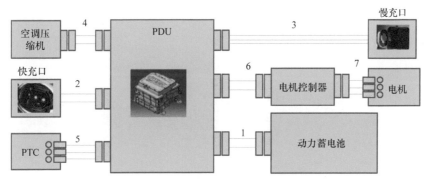

图 1-35　PDU 结构高压电路连接原理

4）空调压缩机高压线束：连接 PDU 与空调压缩机的线束。

5）PTC 高压线束：连接 PDU 与空调 PTC 的线束。

6）电机高压电缆：连接 PDU 与电机控制器的线束。

7）UVW 高压电缆：连接电机控制器与电机的电缆。

4. PEU 结构

PEU 结构是将车载充电机、DC/DC 变换器、高压盒以及电机控制器集成在一起的产品，如图 1-36 所示，代表车型为 EU260。

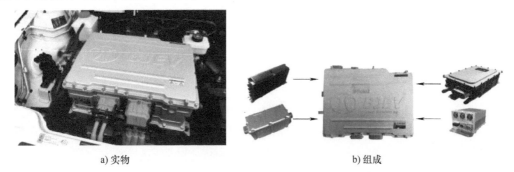

a) 实物　　　　　　　　　b) 组成

图 1-36　PEU 结构

5. PEU2.0 结构

PEU2.0 结构是将车载充电机、DC/DC 变换器、高压盒、电机控制器以及驱动电机集成在一起的产品，如图 1-37 所示，代表车型为 EU5。

a) 实物　　　　　　　　　　b) 在车辆上的位置

图 1-37　PEU2.0 结构

三、比亚迪 E5 纯电动汽车高压系统结构

比亚迪 E5 纯电动汽车的高压电控总成集成了两电平双向交流逆变式电机控制器模块、车载充电器模块、DC/DC 变换器模块、高压配电模块以及漏电传感器等部件，如图 1-38 所示。

四、吉利帝豪纯电动汽车高压系统结构

吉利帝豪 EV450 采用了高效的电驱动系统，以及集成度较高的结构形式，如图 1-39 所示。

图 1-38　比亚迪 E5 高压系统结构

图 1-39　吉利帝豪 EV450 高压系统结构

五、特斯拉 Model S 电动汽车高压系统结构

得益于特斯拉独特的纯电动动力总成，Model S 的性能表现十分出色，从停止加速至 100km/h 的最短时间仅需 2.6s，其整车高压系统结构如图 1-40 所示。

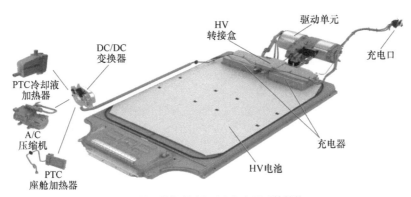

图 1-40　特斯拉 Model S 高压系统结构

第四节　新能源汽车仪表信息识读

汽车仪表是人与汽车的交互界面，可为驾驶人提供所需的车辆运行参数、故障提示、里程等信息，是每一辆汽车必不可少的部件，仪表显示的内容可以直观地告诉驾驶人车辆当前的运行状况。新能源汽车仪表和传统燃油汽车仪表的作用相同，但两者显示的内容却有很大的区别。

一、北汽新能源汽车仪表

北汽新能源汽车（以北汽 EV160 为例）仪表显示内容如图 1-41 所示。

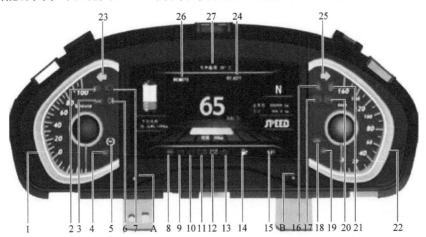

图 1-41　北汽 EV160 仪表显示内容

（图注说明见表 1-3）

1. 仪表显示内容说明（见表1-3）

表1-3　仪表显示内容说明

序号	功能说明	序号	功能说明
1	驱动电机功率表	15	EPS 故障指示灯
2	前雾灯	16	安全带未系指示灯
3	示廓灯	17	制动故障指示灯
4	安全气囊指示灯	18	防盗指示灯
5	ABS 指示灯	19	充电线连接指示灯
6	后雾灯	20	驻车制动指示灯
7	远光灯	21	车门未关指示灯
8	跛行指示灯	22	车速表
9	蓄电池故障指示灯	23/25	左 / 右转向指示灯
10	电机及控制器过热指示灯	24	READY（准备）指示灯
11	动力蓄电池故障指示灯	26	REMONTE（远程）指示灯
12	动力蓄电池断开指示灯	27	室外温度显示
13	系统故障指示灯	A、B	行车电脑显示屏调节按钮
14	充电指示灯		

2. 新能源系统仪表图形符号名称及点亮条件（见表1-4）

表1-4　新能源系统仪表图形符号名称及点亮条件

序号	符号	名称	点亮条件
1		车身防盗	车身防盗开启后指示灯点亮
2		蓄电池警告灯	蓄电池高 / 低压故障或 DC/DC 变换器故障
3		充电提示灯	电量小于 30% 时指示灯点亮，电量低于 10% 时提示"请尽快充电"
4		系统故障	仪表与整车失去通信时，指示灯持续闪烁；车辆出现一级故障时，指示灯持续点亮
			车辆出现二级故障时，指示灯持续点亮
5		充电提示灯	进入充电准备状态时，仪表文字提示"请连接充电枪"；充电枪连接后指示灯点亮

（续）

序号	符号	名称	点亮条件
6	READY	READY（准备）指示灯	车辆准备就绪，通电正常时点亮
7		跛行指示灯	车辆被限制车速或输出功率时点亮
8	N	档位故障	档位故障触发后，当前档位持续闪烁
9		电机冷却液温度过高	电机或电机控制器温度过高，引起冷却液温度过高时点亮
10		请尽快离开车内	动力蓄电池出现严重故障时点亮
11		动力蓄电池断开	动力蓄电池断开时点亮
12		动力蓄电池故障	动力蓄电池发生故障时点亮
13	HV	绝缘故障	绝缘系统发生故障时点亮
14		驱动电机系统故障	驱动电机系统发生故障时点亮
15		车身控制模块故障	车身控制模块发生故障时点亮

3. 仪表按钮说明

仪表下端有两个按钮 A 和 B（图 1-41），其功能描述见表 1-5。

表 1-5　按钮 A、B 功能描述

	当前显示模式	开关按住时间 t/s	开关放开后显示模式
按钮 A	平均电耗	< 2	平均电耗
	保养里程	< 2	保养里程
		> 10	保养里程复位至 10000km
按钮 B	车速	< 2	车速
	数字电压值	< 2	数字电压值
	数字电流值	< 2	数字电流值
	数字转速值	< 2	数字转速值
	瞬时电耗	< 2	瞬时电耗
	任意模式	> 3	小计清零
	充电模式	< 2	车辆充电信息

4. 声音报警功能

新能源汽车的仪表除了可以显示图文信息之外，通常还具有声音报警功能，见表 1-6。

表 1-6　声音报警功能说明

序号	功能	报警条件
1	通信故障报警	仪表与总线失去联系时，持续鸣叫
2	充电已满指示	当电量达到 100% 且无充电故障时，连续鸣叫 10s
3	声音一	车辆出现一级严重故障时，持续鸣叫
4	声音二	车辆出现二级故障时，持续鸣叫 20s
5	声音三	车辆出现三级故障时，鸣叫一声
6	READY（准备）提示音	收到 READY 指示灯有效信号时，蜂鸣器简短鸣叫一声
7	R 位有效提示音	蜂鸣器简短鸣叫一声
8	充电故障报警	发生充电故障时，连续鸣叫 10s
9	充电提醒指示	电量低于 30% 时，充电提醒指示灯点亮，鸣叫一声

二、比亚迪新能源汽车仪表

比亚迪新能源汽车（以比亚迪 E5 为例）仪表如图 1-42 所示。

1. 功率表

功率表显示当前模式下整车的实时功率。功率表上默认以 "kW" 为单位来指示整车的功率，可通过菜单中的单位设置选择"HP（英制马力）"。在车辆下坡或制动时，功率指示值可能为负值，表示车辆当前正在给动力蓄电池充电。

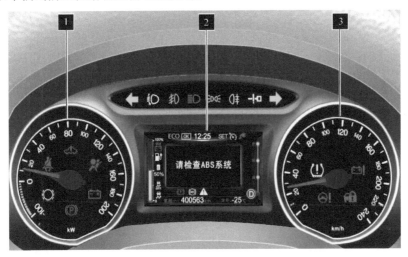

图 1-42 比亚迪 E5 仪表

1—功率表 2—信息显示屏 3—车速表

2. 信息显示屏

信息显示屏包含电量表、里程信息、档位指示、室外温度、背光调节档位提示、调节菜单、行车信息、提示信息、故障信息等。

3. 车速表

电源档位处于"OK"档时，车速表指示当前车速值，默认以"km/h"为单位来指示整车的车速，可通过菜单中的单位设置选择"MPH（英里 / 小时）"。

比亚迪 E5 仪表指示灯 / 警告灯信息说明见表 1-7。

表 1-7 比亚迪 E5 仪表指示灯 / 警告灯信息说明

图形符号	内容说明	图形符号	内容说明
	驻车制动故障警告灯		ESP OFF 警告灯
	驾驶人座椅安全带指示灯		防盗指示灯
	充电系统警告灯		主警告指示灯

（续）

图形符号	内容说明	图形符号	内容说明
	前雾灯指示灯	ECO	ECO 指示灯
	后雾灯指示灯		动力蓄电池电量低警告灯
	智能钥匙系统警告灯		动力蓄电池故障警告灯
	ABS 故障警告灯		胎压故障警告灯
	电机冷却液温度过高警告灯	(P)	电子驻车状态指示灯
	ESP 故障警告灯	OK	OK 指示灯
	车门状态指示灯		动力系统故障警告灯
	SRS 故障警告灯		动力蓄电池过热警告灯
	EPS 故障指示灯		动力蓄电池充电连接指示灯
	小灯指示灯		巡航主指示灯
	远光指示灯	SET	巡航控制指示灯
	转向指示灯		

第二章

新能源汽车安全操作

第一节　新能源汽车安全驾驶

一、新能源汽车安全驾驶注意事项

1）新能源汽车安装了几百伏的高压动力蓄电池，驱动电机的工作电压也是高压，不要触摸高压电缆（高压电缆表面颜色为橙色）及插接件，拆卸或更换驱动电机、动力蓄电池、高压线束等零部件时应注意防止触电。新能源汽车高压部件的外壳上都有非常醒目的警告标识，如图 2-1 所示。严禁触碰损坏的动力电缆及高压电池。

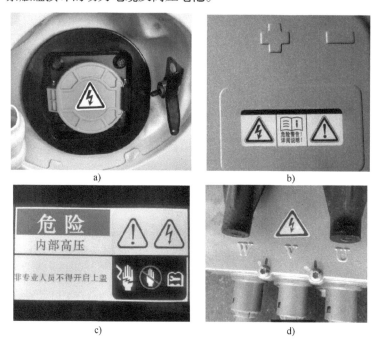

图 2-1　高压警示标识

2）夏季气温高，为保证车辆及驾驶人的安全，不要将车辆长期停放在烈日下暴晒。雨天时，若地面积水没过动力蓄电池底部，则严禁起动车辆。

3）冬季使用时，动力蓄电池的效率较低，建议随用随充。当车辆使用完毕后，应立即给车辆充电，以提高充电效率。

4）在开启车辆前机舱盖之前，须将钥匙拧至"OFF"档。严禁用手直接触摸机舱内部标有高压危险警示的器件。严禁喷水冲洗发动机舱内部，不要在雨中打开发动机舱舱盖，以防止漏电。

5）发生事故时，应保持车辆处于 N 档，并关闭点火开关；如果车上电线裸露或破损，禁止触碰任何电线，以防触电；如果发生火灾，应立刻离开车辆并及时报警，在有可能的情况下，可使用磷酸铵盐类灭火器灭火，或用大量水灭火。

6）很多道路经常会被水浸，如果水位不是太深，一般可以涉水行驶。涉水安全的具体注意事项如下：

① 涉水行驶前，必须仔细查看水深、流速和水底情况以及进、出水域的宽窄和道路情况，由此来判断是否能安全地通过。一般来讲，水位达到轮胎二分之一的位置时，涉水行驶就有一定危险了。

② 在确认汽车能够通过时，一般应选择距离最短、水位最浅、水流缓慢及水底最坚实的路段。涉水时，应保持电机运转正常、转向和制动机构灵活可靠。

③ 行驶中要稳住加速踏板，使汽车保持足够而稳定的动力，一次通过，尽量避免中途停车或急转弯，尤其是水底路有泥沙时更要注意，行进中要看远顾近，避免使车辆偏离正常的涉水路线而发生意外。

④ 车辆涉水后，应停车检查各部位有无浸水、散热器有无漂流物堵塞、轮胎有无损坏、底盘下面有无物体缠绕等，如有应及时清理干净。出水后先等一会，再低速行驶一段路程，并有意识地轻踩几次制动踏板，让制动蹄片与制动毂接触摩擦产生热能，以烘干和蒸发掉制动器中残留的水分，确保制动性能良好。确认技术状况良好后，再正常行驶。

⑤ 雨雪天气路面湿滑，驾驶人要保持车辆平稳、放慢速度、小心驾驶。

⑥ 小雨时打开刮水器，大雨或暴雨时应尽量避免驾驶新能源汽车。

二、北汽新能源汽车安全驾驶

1. 起动开关

起动开关位于转向柱右侧，如图 2-2 所示。智能钥匙按键与传统钥匙起动车型的起动开关档位一致，当智能钥匙在车内时，通过操作起动 / 停止按键选择"OFF""ACC""ON""START"来起动和停止车辆。

附件通电
（收音机等）
全车锁止

全车通电
起动车辆

图 2-2　起动开关

车辆行驶中不要拔出起动钥匙，否则会导致方向锁啮合，使车辆不能转向而引发安全事故。起动开关操作说明见表 2-1。

表 2-1　起动开关操作说明

序号	开关位置	操作说明
1	LOCK	拔下起动钥匙，车辆熄火，转向盘锁止
2	ACC	转向解锁，大多数用电器不能工作

（续）

序号	开关位置	操作说明
3	ON	所有仪表、警告灯和电路可以工作，高压上电完毕
4	START	钥匙位于 ON 档，档位在 N 档，整车即可以显示"READY"，可以踩制动踏板挂档行车

2. 换档操作

档位旋钮位于车辆中间位置的电子换档面板上，如图 2-3 所示。在车辆停止的情况下，驾驶人进行换档操作时，必须同时踩下制动踏板才能成功换档。如果驾驶人换档时未踩下制动踏板，仪表将显示当前换档旋钮的档位并进行闪烁，驾驶人需要换至 N 档，重新进行换档操作。

整车上电后，电子换档面板上的背景灯点亮，换档前首先要踩下制动踏板，否则档位选择无效。档位操作说明见表 2-2（以北汽 EV160 为例）。

图 2-3　档位旋钮

表 2-2　档位操作说明

档位选择	操作说明
档位 D	换档前应先踩制动踏板，否则档位选择无效。将换档旋钮旋至 D 档位置，此时字母 D 显示为蓝色，其余未选中档位字母为白色
档位 R	在选择倒档前，应确保车辆处于静止状态，然后踩下制动踏板，将旋钮旋至 R 档位置，此时字母 R 显示为蓝色，其余未选中档位字母为白色
前进档经济模式 E	在换档前应先踩制动踏板，否则档位选择无效。将旋钮旋至 E 档位置，此时字母 E 显示为蓝色，其余未选中档位字母为白色
空档 N	在选择空档前，应确保车辆处于静止状态
辅助按键 B+	位于换档旋钮左侧，其功能只有在 E 档时有效，表示再生能量强度增加，最大为 3 档
辅助按键 B−	位于换档旋钮左侧，其功能只有在 E 档时有效，表示再生能量强度减小，最小为 1 档

三、比亚迪新能源汽车安全驾驶

1. 起动车辆

1）携带有效智能钥匙，踩住制动踏板，然后按下起动按钮。

2）检查驾驶就绪指示灯（OK 指示灯）是否亮起。

3）检查动力蓄电池电量和计程表上的预估里程，如图 2-4 所示。

图 2-4 起动车辆仪表显示内容

2. 驾驶车辆

1）踩住制动踏板，将变速杆置于 D 档，如图 2-5 所示。

2）松开后，变速杆会回到原来的中央位置。

3）确认仪表显示上的 D 档信息。

4）松开制动踏板，踩下加速踏板开始驾驶。

3. 停车

1）停车时，按下变速杆上的 P 档按键，同时踩住制动踏板。

2）通过仪表上的电子驻车状态指示灯确认电子驻车处于"已起动"状态，然后松开制动踏板。

3）使电源档位处于"OFF"位置。

图 2-5 变速杆

四、威马新能源汽车安全驾驶

1. 智能钥匙

威马新能源汽车统一配备了智能钥匙，如图 2-6 所示。

2. 驾驶人人脸识别系统

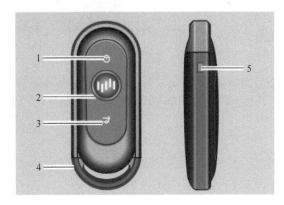

图 2-6 威马新能源汽车智能钥匙

1—上锁键　2—解锁键　3—行李舱门开启键

4—机械钥匙　5—机械钥匙取出键

威马 EX5 汽车配备了驾驶人人脸识别系统，在人脸录入完成的前提下，当驾驶人进入车内时，系统将自动触发人脸识别功能。人脸识别成功后，将进入车主自定义模式，车辆座椅位置、氛围，甚至是喜爱的歌单都会自动调出，并且车辆信息可以随时在手机上同步。若人脸识别系统比对失败，当前的登录账户将进入隐私模式，在隐私模式下，账户下相关的隐私信息将被屏蔽保护。人脸识别摄像头位于转向柱上罩总成的上部，如图 2-7 所示。

a)

b)

图2-7　人脸识别摄像头

3. 起动车辆

车辆配备了电子无钥匙起动开关，如图2-8所示。在不踩制动踏板的情况下，按压起动开关，整车处于ON档，仪表灯点亮，但高压系统不能上电；踩下制动踏板时，按压起动开关，整车处于ON档，高压动力系统准备就绪。

图2-8　电子无钥匙起动开关

当车辆处于强烈信号干扰区域，或智能钥匙电池电量不足，或无钥匙起动功能出现故障时，如果按下起动开关，则组合仪表提示"未检测到智能钥匙"，此时将无法起动车辆。

4. 驾驶车辆

1）踩下制动踏板并保持不动，档位由N档换至D档，仪表上档位显示为"D"。

2）解除电子驻车制动，松开制动踏板后，车辆开始蠕行；轻踩加速踏板时，车辆开始行驶。

3）需要倒车时，首先踩下制动踏板，直至车辆停稳并保持不动；将档位换至R档，然后松开制动踏板并轻踩加速踏板，车辆开始倒车。

注意：当车辆处于READY状态且档位置于D档时，务必踩下制动踏板或使用电子驻车制动，否则车辆会蠕行；离开车辆时，务必使用驻车制动并关闭车辆电源；临时停车时，需要将变速杆置于P位，P位显示如图2-9所示。

图2-9　P位显示

第二节　新能源汽车充电操作

一、充电装置分类

对于电动汽车来说，蓄电池充电设备是不可缺少的子系统之一，它的功能是将电网的电能转化为电动汽车车载蓄电池的电能。电动汽车充电装置总体上可分为车载充电装置和非车载充电装置两种。

车载充电装置是指安装在电动汽车上，利用地面交流电网对电池组进行充电的装置，包括车载充电机和再生能量充电装置。非车载充电装置即地面充电装置，也就是通常所说的充电桩，它可以满足多种电动汽车的充电需求。

根据 GB/T 18487.1—2015《电动汽车传导充电系统　第 1 部分：通用要求》对新能源汽车充电系统的定义，充电是指将交流或直流电网（电源）调整为校准的电压 / 电流，为电动汽车动力蓄电池提供电能，也可额外地为车载电气设备供电。由于将电动汽车连接到电网（电源）的供电方式不同，充电模式有四种。

1. 充电模式分类

（1）充电模式 1　将电动汽车连接到交流电网（电源）时，在电源侧使用符合 GB 2099.1—2008 和 GB 1002—2008 要求的插头插座，在车辆侧使用相线、中性线和接地保护的导体（已禁止使用），如图 2-10 所示。

（2）充电模式 2　将电动汽车连接到交流电网（电源）时，在电源侧使用符合 GB 2099.1—2008 和 GB 1002—2008 要求的插头插座，在车辆侧使用相线、中性线和接地保护的导体，并且在充电连接时使用缆上控制与保护装置（IC-CPD），如图 2-11 所示。

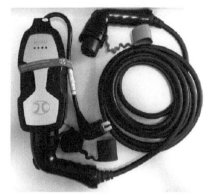

图 2-10　充电模式 1　　　　　　　　　　　　　图 2-11　充电模式 2

充电模式 2 也称便携式充电模式，将随车附带的便携式充电线连接到普通家用 16A 或 10A 插座上即可充电（厂家通常随车赠送便携式充电装置，大多为 16A 插头，后来为了方便用户使用，还配有 10A 转换接头）。这是一种非常方便的充电方式，只要能找到普通的民用插座就可以充电，但其充电速度较慢。

一般来说，普通家用插座的电压为 220V，电流为 10A，便携式充电装置的理论功率为 2.2kW，但在实际使用中，其充电功率一般只有 1.5kW。也就是说，使用便携式充电装置为一辆北汽 EV200 纯电动汽车（续驶里程 200km，动力蓄电池容量 30.4kW·h）充电时，充满电需要 20h；为一辆比亚迪 e6 纯电动汽车（续驶里程 300km，动力蓄电池容量 57kW·h）充电时，充满电需要将近 40h。便携式充电装置适合作为其他充电方式的一种补充，以方便用户随时对车辆进行充电。

（3）充电模式 3　将电动汽车连接到交流电网（电源）时，使用专用供电设备将电动汽车与交流电网直接连接，并且在专用供电设备上安装了控制导引装置。充电模式 3 即为通常所说的"慢充"，如图 2-12 所示。

（4）充电模式 4　将电动汽车连接到交流电网或直流电网时，使用带控制导引功能的直流供电设备。充电模式 4 即为通常所说的"快充"，如图 2-13 所示。

图 2-12　充电模式 3

图 2-13　充电模式 4

注意：充电模式 2、充电模式 3、充电模式 4 应具备控制导引功能。

2. 充电连接方式分类

充电连接方式是指新能源汽车充电时，使用电缆和连接器将电动汽车接入电网（电源）的方法。

（1）连接方式 A　将电动汽车和交流电网连接时，使用和电动汽车永久连接在一起的充电电缆和供电插头，电缆组件是车辆的一部分（该方式极少采用），如图 2-14 所示。

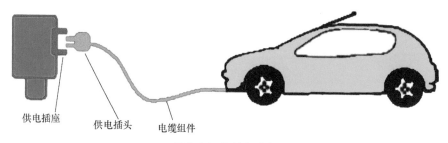

供电插座　　供电插头　　电缆组件

图 2-14　连接方式 A

（2）连接方式 B　将电动汽车和交流电网连接时，使用带有车辆插头和供电插座的独立的活动电缆组件，可拆卸电缆组件不是车辆或充电设备的一部分，如图 2-15 所示。

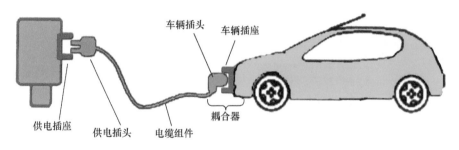

图 2-15　连接方式 B

（3）连接方式 C　将电动汽车和交流电网连接时，使用与供电设备永久连接在一起的充电电缆和车辆插头，电缆组件是充电设备的一部分，如图 2-16 所示。

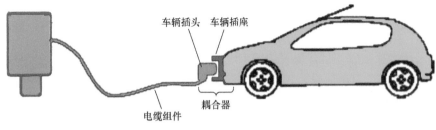

图 2-16　连接方式 C

连接方式 A、B、C 适用于充电模式 3 在采用单相供电时，电流不大于 32A 的情况。当采用三相供电且电流大于 32A 时，应采用连接方式 C，而不能采用连接方式 A、B。充电模式 4 可直接连接至交流电网或直流电网，仅连接方式 C 适用于充电模式 4。

二、车辆充电操作

1. 北汽新能源汽车充电操作

以北汽 EV160 电动汽车为例，充电系统的快速和慢速充电插孔分别位于车辆前格栅 LOGO 与车身左后方处，如图 2-17 所示。按住车辆前格栅 LOGO 右侧内平面，即可开启快速充电插孔盖板；慢速充电插孔盖板开启手柄位于驾驶人座椅左下方处。

为新能源汽车动力蓄电池充电时，宜采用慢速充电（即车载充电）方式，慢速充电系统是通过车载充电机来完成动力蓄电池的充电工作，如图 2-18 所示。

车载充电机采用高频开关电源技术，其主要功能是将 AC 220V 的市电转换为高压直流电给动力蓄电池充电，从而保证车辆正常行驶。车载充电机由动力蓄电池管理系统（BMS）智能控制充电，无需人工看守。动力蓄电池管理系统随时都在检测动力蓄电池的工作状态，当蓄电池电芯的温度范围为 0～55℃时才进行充电。车载充电机外表面设有相应的指示灯（POWER、RUN 和 FAULT），可以根据指示灯的亮灭情况来判断充电机的工作状态。

POWER：电源指示灯，接通交流电后，电源指示灯亮起。

RUN：工作指示灯，当充电机接通蓄电池进入充电状态后，充电指示灯亮起。

FAULT：报警指示灯，当充电机内部有故障或操作错误时亮起。

充电盖板

a) 快速充电插孔   b) 慢速充电插孔

图 2-17　快速和慢速充电插孔

车辆进入充电状态后，组合仪表的行车电脑显示屏自动点亮，显示当前充电信息，10s 后屏幕熄灭。

（1）充电桩充电操作流程

1）将车辆停放平稳，关闭点火开关并取下钥匙，拉紧驻车制动器。

2）打开慢速或快速充电插孔盖板。

3）检查充电枪有无破损现象，然后连接充电枪。

4）刷卡选择充电模式，观察仪表充电界面显示内容是否正常。

5）充电完成后先刷卡结算电费，然后取下充电枪。

（2）充电状态说明

1）仪表充电信息。以北汽 EV160 为例，图 2-19 中 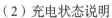 点亮表示动力蓄电池正在进行加热，此时动力蓄电池外围会出现一层红色光晕。充电电流显示负值表示动力蓄电池正在充电，显示正值表示动力蓄电池正在放电。

图 2-18　车载充电机

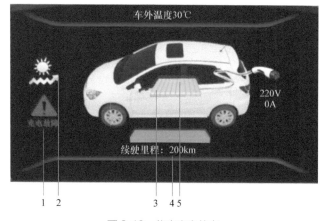

图 2-19　仪表充电信息

1—充电故障指示灯　2、5—动力蓄电池正在加热　3—电量指示　4—续驶里程

2）充电已满。以北汽 EV160 为例，动力蓄电池电量充满后，行车电脑的显示屏自动点亮，蜂鸣器鸣叫提示电量已经充满，10s 后屏幕熄灭，如图 2-20 所示。

图 2-20　充电已满

3）充电故障。充电过程中，若车辆出现故障，行车电脑显示屏将自动点亮，充电故障指示灯点亮，蜂鸣器鸣叫，提示 10s 后熄灭。此时应立刻联系 4S 店专业维修人员，切勿擅自对车辆进行拆卸。

2. 比亚迪纯电动汽车充电操作

动力蓄电池充电完成所需时间因充电功率、剩余电量、实时温度、车辆使用时间、环境温度等条件而变化，具体充电时间以仪表显示时间为参考。比亚迪 E5 有充电桩单相交流充电、充电桩三相交流充电（装有时）、直流充电柜直流充电（装有时）以及家用单相交流充电（装有时）四种充电方法。下面以交流充电为例，说明其充电操作方法。

（1）充电前的准备

1）将点火开关置于"OFF"档位。

2）解锁充电接口舱门开关，打开充电接口舱门。

3）打开充电接口舱门、充电接口保护盖，如图 2-21 所示。

a) 打开充电接口舱门　　　　　　　　b) 打开充电接口保护盖

图 2-21　打开充电接口舱门与保护盖

（2）充电前的检查

1）确保充电装置没有壳体破裂、电缆磨损、插头生锈或存在异物等异常情况。

2）确保车辆插座（充电接口）端口内没有水或外来物，金属端子没有生锈或者腐蚀造成的破坏和影响。

3）出现以上情况时禁止充电，否则可能导致短路或电击而威胁生命安全。

（3）连接车辆充电接口　将充电装置的车辆插头连接至充电接口并可靠锁止，如图 2-22 所示。

（4）充电设置

1）对于家用单相交流充电，使用便携式交流充电装置时，可跳过此步骤。

2）对于公共场所有设置选项的交流充电桩，需要进行刷卡或扫二维码等操作。

3）设置完成后车辆开始充电，车辆仪表显示充电信息，如图 2-23 所示。

图 2-22　连接车辆充电接口

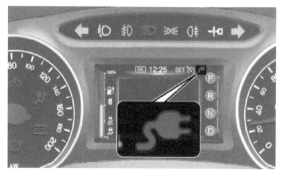

图 2-23　车辆充电信息

（5）充电结束

1）当达到设置充电结束条件或充满电时，交流充电桩 / 盒或车辆会自动结束充电。

2）当充电过程中需要结束充电时，对于有设置功能的充电设备，通过刷卡来结束充电（或者其他操作，详见充电桩使用说明）。

3）当充电过程中需要结束充电时，对于没有设置功能的充电设备，则直接进行下一步操作。

（6）断开车辆接口

1）若充电枪电子锁工作模式为停用防盗状态，则直接按下车辆插头的机械按钮，然后拔出车辆插头。

2）若充电枪电子锁工作模式为启用防盗状态，则需要按钥匙解锁按钮或按下门把手上的微动开关（钥匙在附近时），然后再按下车辆插头的机械按钮并拔出车辆插头。

3）关闭充电接口保护盖和充电接口舱门。

3. 特斯拉纯电动汽车充电操作

特斯拉纯电动汽车的充电插孔位于驾驶人侧后尾灯侧面，如图 2-24 所示。可以通过车内触摸屏或充电接头上的按钮打开充电盖板。

特斯拉纯电动汽车的充电可以采用移动通用充电接头、高功率壁挂充电接头和直流快充三种方式。移动通用充电接头适用于家用电源，可以随时随地为车辆充电，如图 2-25 所示。

图 2-24　特斯拉纯电动汽车充电插孔

　　高功率壁挂充电接头的最大输入电压为 AC 240V，最大功率为 20kW，最大充电电流为 80A，如图 2-26 所示。

图 2-25　移动通用充电接头

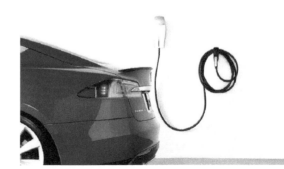

图 2-26　高功率壁挂充电接头

　　特斯拉纯电动汽车的充电插孔上设有充电指示灯，不同的颜色表示不同的充电状态，见表 2-3。

表 2-3　特斯拉纯电动汽车充电状态说明

序号	充电指示灯	充电状态说明
1		白色，说明充电接口已准备就绪，但没有充电
2		蓝色，说明已接收到充电信号，充电接口锁止
3		绿色，闪烁表示正在充电，不闪烁表示充电完成
4		黄色闪烁，表示充电电流减小，通常是由于充电接头没有锁住

（续）

序号	充电指示灯	充电状态说明
5	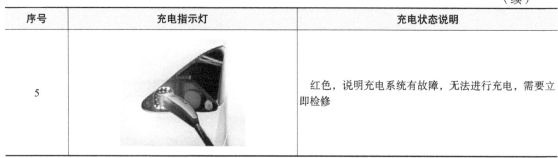	红色，说明充电系统有故障，无法进行充电，需要立即检修

　　按照厂家要求，对车辆进行充电时必须关闭点火开关，仪表通常会自动转换到当前充电信息显示界面，不同的车型，仪表显示充电信息的内容和时长也各不相同。以特斯拉纯电动汽车为例，仪表显示的当前充电信息有充电率、本次充电后增加的里程、充电下的车辆里程、到充满所需时间、充电电压以及充电电流等内容，如图 2-27 所示。

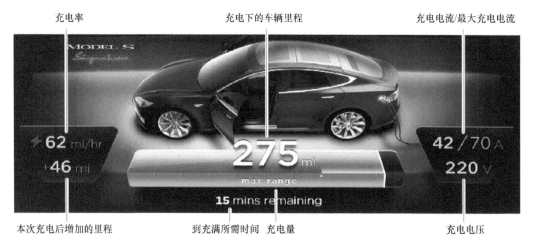

图 2-27　特斯拉纯电动汽车充电信息仪表显示

4. 充电安全注意事项

　　1）充电前，应将电源档位置于"OFF"档，电源档位处于"OK"档时不能充电。

　　2）充电时通常车辆可上电至"ON"档，可以正常使用空调。但是，为保证充电功率，不建议使用。

　　3）充电时，发动机舱的高压电控模块处于工作状态，会发出几次继电器吸合的"咔哒"声，这属于正常现象。

　　4）充电时（交流），对于不需要刷卡等充电设置步骤的情况，如果外部电网断电时间不超过 12h，则充电会自动重新启动充电，不用重新连接充电连接器。

　　5）充电时建议将车辆停放在通风处，不建议有人员停留在车内。

　　6）停止充电时，应先将充电柜或充电桩关闭，再断开充电连接器；家用交流充电时，应先断开车辆插头，再断开插座端电源。

　　7）充电结束拔下车辆插头后，应确保充电接口保护盖和充电接口舱门处于关闭状态。否则，水或外来物质可能进入充电接口端口，影响其正常使用。

8）车辆行驶前，应确保车辆插头从车辆插座上断开。因为在充电连接器锁止机构没有完全锁止的状态下，有些车辆也可以上"OK"档，并能够挂档行驶，如果未断开连接，将导致损坏充电设备及车辆。

9）为方便使用，仪表上会提示预计充满电的时间。由于充电设施、充电方式、环境温度、电量等因素的不同，充满电的时间可能存在一定偏差，这属于正常现象。

10）当环境温度低于0℃时，充电时间要比正常情况的长，充电能力较差。当动力蓄电池温度高于65℃或低于−20℃时，车辆将不能正常充电。

11）如果车辆长时间不使用，为了延长动力蓄电池的使用寿命，建议每3个月充电一次。

12）充电前务必做好检查工作。

13）禁止在电锁锁止状态下强行插入和拔出车辆插头。

14）不要在充电接口保护盖打开的状态下关闭充电接口舱门。

15）充电时严禁接触充电端口或者充电连接器内的金属端子。

16）严禁湿手操作，否则可能引起电击而造成人身伤害。

17）当有闪电时，不要给车辆充电或触摸车辆，被闪电击中可能导致充电设备损坏或引起人身伤害。

18）充电时，可能会影响医疗或植入式电子设备，充电前应和制造商确认，否则可能造成人身伤害。

第三节　新能源汽车专用维修工具和设备使用

一、数字式兆欧表

兆欧级电阻表简称兆欧表，是一种用于测量各种电气设备绝缘电阻的仪表，主要有手摇式兆欧表和数字式兆欧表两种类型，目前大多使用数字式兆欧表。兆欧表被广泛用于检查电机、电器及电路的绝缘情况和测量高数值电阻。

数字式兆欧表采用低损耗、高变比的电感储能式直流电压变换器，将9V电压变换成250V/500V/1000V直流电压。采用数字电桥进行电阻测量，适用于电机、电缆、机电设备、电信器材、电力设施等的绝缘电阻的检测需要。其结构如图2-28所示。

其中，电压选择开关有250V、500V、1000V和AC 750V（交流电压测试输入端）四个按钮。测试线接孔中，L为接被测电路端插孔；G为保护端插孔，当要求被测对象加保护环来消除泄漏效应时，保护环电极导线接至G插孔；E为接被测对象接地端插孔。

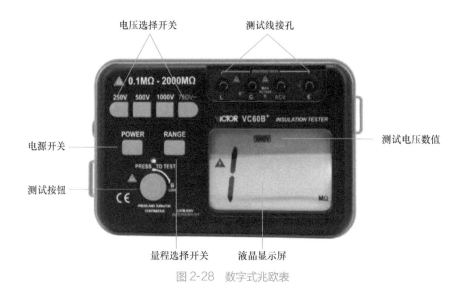

图 2-28 数字式兆欧表

1. 使用方法

以胜利 VC60B 数字兆欧表为例，该表最大显示数值为"1999"，量程超上限时仅最高位显示"1"。

1）打开电池盒后盖装入 6 节 5 号电池，注意电池极性不要接反，然后将测试表笔插入测试线接孔内。

2）按下电源开关"POWER"按钮，根据测量需要选择测试电压（250V、500V、1000V、AC 750V），根据测量需要按下量程选择开关"RANGE"。

3）将被测对象的电极或测试端子连接至兆欧表的相应插孔。

4）按下测试按钮，测试即可进行。向右侧旋转测试按钮，可锁定按钮开关；待示值稳定后读出数值。

2. 使用注意事项

兆欧表在工作时自身会产生高电压，而测量对象又是电气设备，所以必须正确使用兆欧表，否则容易造成人身或设备事故。

1）测量前必须将被测设备电源切断，并对地短路放电，决不允许设备带电进行测量，以保证人身和设备的安全。

2）对于可能感应出高压电的设备，必须在消除这种可能性后，再进行测量。

3）被测物表面要清洁，以减小接触电阻，确保测量结果的正确性。

4）测量前要检查兆欧表是否处于正常工作状态，主要检查其"0"和"∞"两点，短路时应在"0"位置，开路时应在"∞"位置。

5）兆欧表使用时应放在平稳、牢固的地方，且应远离大的外电流导体和外磁场。

二、毫欧表

毫欧表也称为微电阻计或微欧计。新能源汽车的高压安全设计包括等电位，即电位均衡通路中，任意两个可以被人同时触碰到的外露可导电部分之间的电阻应不超过 0.1Ω。

普通万用表虽然具备测量电阻的功能，但其一般采用比例法测量电阻，即将被测电阻与标准电阻串联，分别测量标准电阻和被测电阻两端的电压，由于两者电流相同，因此可根据标准电阻的阻值换算出被测电阻的阻值。实际测量电路也有把标准电阻对应电压作为基准电压的，这样直接测量被测电阻两端的电压即可。

毫欧表是利用电桥原理（也称开尔文原理）以四线法测量电阻的，即在电阻两端施加一个恒定电流，用仪器检测其两端的电压，然后通过仪器自动计算后得出电阻值。其优点是测量数据接近电阻在工作状态下的真实电阻值，且消除了测试线本身电阻的影响。

所以，在测量微电阻的时候，毫欧表能够更加真实地反映出电阻值，而普通万用表的测试线电阻会影响被测电阻的真实值。

数字式毫欧表如图 2-29 所示，以维希毫欧表 VC480C$^+$ 直流低电阻测试仪为例，其测试量程为 $0.01\text{m}\Omega \sim 2\text{k}\Omega$。

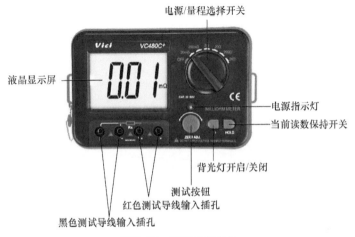

图 2-29　数字式毫欧表

1. 使用方法

1）开机屏幕显示"1"后，将红色测试导线的两个插头分别插入右边两个红色插孔内，黑色测试导线的两个插头分别插入左边两个黑色插孔内，如图 2-30 所示。

2）把旋钮开关调到所需档位，先用两个测试夹相互夹住顶端，然后调节调零旋钮，直到屏幕显示数值为零，如图 2-31 所示。

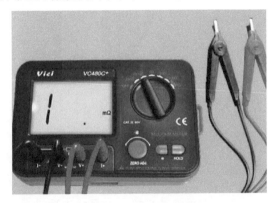

图 2-30　连接测试线

图 2-31　读数调零

3）用两个测试夹分别夹住被测元件的两端，待屏幕显示数值稳定后读出数据。此时若按下保持开关，当前数值就会保持在显示屏上，再按一次保持开关则取消保持功能，如图2-32所示。

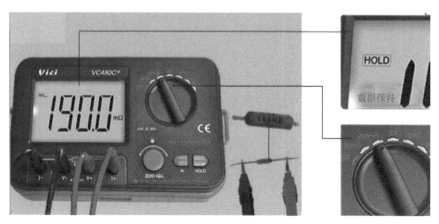

图 2-32　测量微电阻

2. 使用注意事项

1）每次选择测试量程后，都应先进行调零。

2）测量时，禁止用手接触被测元件。

3）毫欧表属于精密仪器，须妥善保管。

三、放电工装

新能源汽车高压系统在断电后的短时间内通常会有剩余电压存在。生活中常见的例子是，电动自行车的充电器在充满电拔下插头时，充电指示灯有一个渐灭的过程，说明有剩余电压和电流存在。为了保证新能源汽车维修工作的安全进行，需要使用专用的放电工装（放电计）人为释放高压系统的剩余电荷。

放电工装的外表面设有工作指示灯，内部设有短接电阻，如图2-33所示。其使用方法比较简单，只需将两个表笔分别连接需要放电的高压部件正、负极，就可以进行高压系统剩余电荷的释放了。为了保证高压系统放电环节安全有效，在使用前，需要确认放电工装性能的好坏。将放电工装的两个表笔分别与低压12V蓄电池的正、负极相连接，此时放电工装上面的指示灯应该点亮；对换表笔再测一次，另一个指示灯也应该点亮，说明设备性能正常。

图 2-33　放电工装

四、故障诊断仪

传统燃油车在维修时经常需要使用故障诊断仪，新能源汽车也一样。当系统出现异常时，控制单元会激活一个错误代码，并通过仪表上的相关故障指示灯进行提示。使用故障诊断仪可以进行读取故障码、清除故障码、读取数据流、元件测试以及系统匹配等操作，能够方便快捷地找到问题所在。以北汽新能源汽车专用诊断仪为例，其诊断主界面如图 2-34 所示。

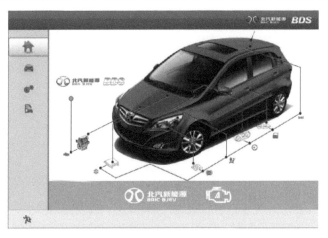

图 2-34　北汽新能源汽车专用诊断仪诊断主界面

北汽新能源汽车采用 BDS 故障诊断系统，将诊断软件安装在计算机终端上，通过诊断盒子与车载诊断系统（OBD）连接，与车辆的控制模块通信进行故障诊断。故障诊断仪主界面功能说明见表 2-4。

表 2-4　故障诊断仪主界面功能说明

功能图标	功能名称	功能说明
	主界面	BDS 汽车无线诊断系统主界面，介绍和描述产品性能及品牌
	汽车智能诊断系统	汽车无线诊断系统的核心功能，提供简易而专业的汽车综合诊断功能，包括读电子控制单元（ECU）信息、故障码分析、数据流分析、数据流冻结帧、元件执行、计算机编程、匹配、设定和防盗等功能
	系统设定	用于进行汽车无线诊断系统的系统设定，它提供多种功能操作模式、连接方式、米寸制单位切换和语言选择等功能，从而丰富用户体验
	软件管理	用于甄别汽车诊断软件的版本信息，以便用户升级软件；用于用户管理汽车诊断软件；用于注册用户信息，以加强用户使用的安全性；用于在打印测试报告时显示用户信息
	系统退出	安全退出 BDS 系统

汽车故障诊断仪是车辆故障自检终端，可以利用它迅速地读取汽车各个控制系统的故障，并通过显示器显示出故障信息，如图 2-35 所示。

图 2-35　故障信息

五、动力蓄电池举升车

新能源汽车的动力蓄电池大多重达上百千克，在维修动力蓄电池时，如果需要将其从汽车上拆卸下来，依靠人力操作是很困难的，必须借助专业的举升设备对动力蓄电池进行举升，才能顺利完成动力蓄电池总成的拆装工作，该设备就是通常所说的动力蓄电池举升车。动力蓄电池举升车种类繁多，根据工作原理的不同，大致可分为气动式、电动式和脚踩式三种类型，本文以电动式动力蓄电池举升车为例，如图 2-36 所示。

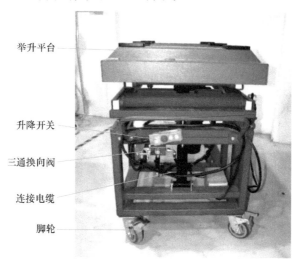

图 2-36　电动式动力蓄电池举升车

1. 使用方法

1）将动力蓄电池举升车推入车辆底部，并调整其位置与动力蓄电池对齐，然后锁止举升车脚轮。

2）连接动力蓄电池举升车电源连接电缆。

3）操纵升降开关，将动力蓄电池举升车的举升平台升至与动力蓄电池底部贴合的高度。

4）完成动力蓄电池拆卸工作后，按下升降开关中的下降按钮，缓慢降下动力蓄电池举升平台。

2. 注意事项

1）当动力蓄电池举升平台倾斜时，可以通过三通换向阀进行调整。

2）动力蓄电池举升车的举升高度以能够与动力蓄电池底部紧密贴合为宜，禁止出现车辆被顶起的现象。

3）动力蓄电池举升车在维修车辆的位置调整合适后必须锁止脚轮。

4）在动力蓄电池举升车升降过程中，如果出现意外情况，应及时按下升降开关上面的急停按钮。

5）在动力蓄电池举升车在升降过程中，应注意观察是否存在与车辆线束或零部件刮蹭的现象。

6）动力蓄电池举升车使用完毕后，需要及时断开电源连接电缆。

第四节　新能源汽车维修安全操作

新能源汽车都配有高压电气系统，其维修作业方式不同于传统的燃油车，应该设置专用的维修工位，以确保维修车间的安全作业。在维修工位上，需要配备安全警示标志、绝缘地毯、绝缘工具以及相关的高压安全防护用品等，如图 2-37 所示。

图 2-37　新能源汽车标准维修工位

新能源汽车上的用电设备分为低压用电部件和高压用电部件。低压用电部件包括仪表、音响、灯光、扬声器、鼓风机、电动车窗、电动座椅等。高压用电部件包括驱动电机、电机控制器、动力蓄电池、高压配电箱、DC/DC 变换器、车载充电机、空调压缩机、PTC 加热器等。在所有的高压部件上，都应贴有橙色安全警告标示。为了避免触电伤害，严禁触碰高压部件、高压电缆及其插接件，禁止非专业维修人员拆装高压部件。

一、高压安全防护用品

高压安全防护用品包括绝缘防护服、绝缘手套、绝缘工具、绝缘地毯、绝缘鞋、防护眼镜等。

使用前，必须检查各种高压安全防护用品的性能状态，保证其外表清洁干燥、无破损、无油污、无老化现象。

二、作业准备

1）在维修场地树立高压警示牌。

2）采取隔离措施，拉起警戒隔离带，提示无关人员远离该区域。

3）维修场地应配备消防用品。

4）维修场地应设置接地线，在维修高压用电部件前，应将车身用搭铁线连接到维修工位的接地线上。

5）保持工作环境干净整洁、通风良好，远离易燃易爆物品。

6）维修工作组至少有两人，一名操作人员和一名监护人员。维修人员与监护人员必须具备国家认可的特种作业操作证（电工）与初级（含）以上电工证（职业资格证书）。监护人员负责监督车辆维修的全过程。

7）严禁未经培训的任何人员进行新能源汽车高压部件的检修工作。

三、车辆高压下电

1）关闭点火开关并妥善保管车钥匙，如果是智能遥控钥匙，需要使车钥匙远离感应区。

2）断开蓄电池低压负极电缆，并等待 5min 以上，待电机控制器、车载充电机等高压部件的内部电容器充分放电后，再进行下一步操作。

3）有维修开关的车辆需要拆下维修开关，并交由专人保管。

四、检修高压系统

1）对于已断开的高压供电部件，在维修作业前，应先使用万用表测量其电压是否已降至安全电压值以下。

2）新能源汽车的高压负载端需要使用放电工装进行剩余电荷的释放。

3）检修高压部件时，对于拆卸下来的任何裸露的高压部位，应立即用绝缘胶带进行包扎或采取其他方式进行绝缘防护。

4）在车辆上电前，应注意确认是否还有其他人员在进行高压系统维修工作，以免发生危险。

五、车辆处理

1）车辆起火后，应迅速靠边停车，切断电源，根据实际情况采取相应的灭火方式。

2）车辆在需要救援时，应首先选择专业拖车公司，不得盲目自行拖拽，以免对车辆造成不可逆损坏。

3）如无专业拖车公司，可在保证安全的前提下自行拖车。拖车前，需要由专业人士断开驱动电机控制器的三相高压电缆，并做好绝缘处理；然后将车辆钥匙置于 ON 档，换挡手柄置于 N 档，控制拖车时速不超过 15km。

4）当出现因路面凹凸不平而造成车辆托底的情况时，应靠边停车并检查蓄电池是否损坏。

5）如果车辆浸入水中，在打捞前必须等待水面无气泡和"滋滋"声，即电量消耗完毕后，再穿戴好绝缘防护用品进行打捞作业。

六、动力蓄电池防护处理

1）动力蓄电池报废后禁止露天存放，要根据其种类，使用符合国家标准的专门容器分类收集运输。

2）不得私自将废旧动力蓄电池拆解粉碎，以防止蓄电池内的有害成分泄漏污染环境。

3）动力蓄电池应存储在通风良好、干燥整洁、远离热源的专用区域。

4）严格制作动力蓄电池管理台账，认真登记动力蓄电池的出入库情况。

第三章

动力蓄电池及其管理系统结构原理与维修

<h1 style="text-align:center">第一节　蓄电池基础知识</h1>

一、电池分类

蓄电池通常简称电池，是将化学能转化成电能的一种装置，常见类别如图 3-1 所示。电池内部的电化学特性决定了该电池是否可以充电。可充电电池内部结构之间所发生的化学反应是可逆的，也叫做二次电池，新能源汽车上的动力蓄电池均为二次电池。一次电池只能作为一次放电使用，它内部结构简单且不支持这种变化，例如日常生活中使用的干电池。

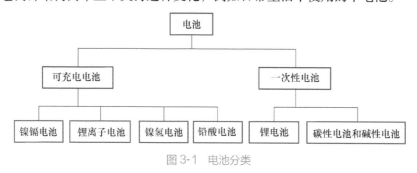

图 3-1　电池分类

曾经以日韩企业为首的电池技术企业，很早以前就将蓄电池的封装种类归为了三大形式：圆柱形、方形和软包。直观上，它们的区别只是形状不同，但其在技术开发和应用上也有着显著不同。

1. 圆柱形电池

圆柱形电池内部采用螺旋绕制结构，用一种非常精细且渗透性很强的聚乙烯、聚丙烯或聚乙烯与聚丙烯复合的薄膜隔离材料在正、负极间间隔而成，如图 3-2 所示。目前在制造标准上，只有圆柱形电池具有一致性。例如，人们熟知的圆柱形电池分为 18650、21700 等型号，型号中的数字代表了圆柱形电池的尺寸标准。以 18650 型为例，它是目前最为成熟的圆柱形电池尺寸标准，而 21700 型正在经历不断的技术进步，今后有可能取代 18650 型，成为新能源汽车的首选圆柱形电池产品。

2. 方形电池

方形电池通常是指铝壳或钢壳方形电池，其结构如图 3-3 所示。随着近些年汽车动力蓄电池的兴起，续驶里程与电池容量之间的矛盾日渐凸显，国内动力蓄电池厂商多采用电池能量密度较高的铝壳方形电池，因为方形电池的结构较为简单，不像圆柱形电池那样需要采用强度较高的不锈钢壳体及防爆安全阀等附件，所以整体附件重量较轻，相对能量密度较高。

与圆柱形电池相比，方形电池的可塑性更强，可以根据搭载产品的具体需求进行定制化设计，从而导致了其尺寸规格不一。目前，无论是制造工艺或者应用标准，方形电池都没有圆柱形电池那样清晰的标准划分。但也正因为其灵活性高，可以根据车型需求对方形电池尺寸进行定制化设计，从而不会受到圆柱形电池尺寸标准的限制。

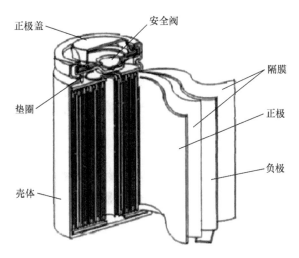

图 3-2 圆柱形电池结构

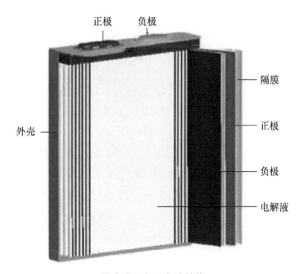

图 3-3 方形电池结构

3. 软包电池

软包电池只是液态锂离子电池外套上一层聚合物外壳，采用铝塑包装膜，结构如图 3-4 所示。软包电池因为采用了叠加的制造方式，所以追求的是更加纤薄的体积，在相同的容量密度下，其重量是最轻的。软包电池也可以根据应用需求进行定制，小到手机电池的大小，大到可以应用在新能源汽车上。

软包电池被视为移动设备上的首选，在汽车应用上，也因为其体积的可控性而被汽车品牌所看重，尤其是针对插电式混合动力汽车，在兼顾整车布局和重量方面，软包电池的体积优势更加明显。

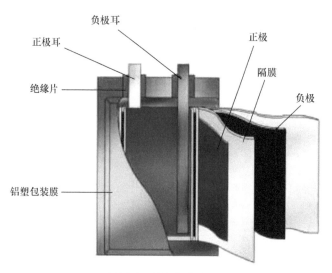

图 3-4　软包电池结构

二、镍氢电池

1. 镍氢电池的结构

镍氢（Ni-MH）电池是由氢离子和金属镍合成的，电量储备比镍镉电池多 30%，比镍镉电池更轻，使用寿命也更长，并且对环境无污染，现主要应用于混合动力电动汽车。镍氢电池的缺点是价格比镍镉电池高得多，性能要比锂离子电池差一些。镍氢电池中的金属部分是金属氢化物，主要分为两大类，即 AB5 和 AB2。最常见的是 AB5，"A"表示稀土元素的混合物或者再加上钛（Ti）；"B"则表示镍（Ni）、钴（Co）、锰（Mn），或者还有铝（Al）。一些含有多种成分的高容量电池，其电极主要由 AB2 构成，"A"表示钛（Ti）或者钒（V）；B则表示锆（Zr）或镍（Ni），再加上一些铬（Cr）、钴（Co）、铁（Fe）和锰（Mn）。镍氢电池结构如图 3-5 所示。

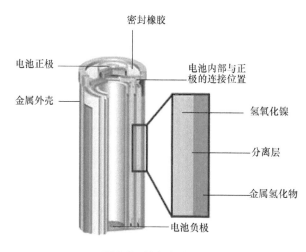

图 3-5　镍氢电池结构

2. 镍氢电池的工作原理

镍氢电池是一种碱性电池，其负极采用由储氢材料作为活性物质的氢化物电极，正极采用氢氧化镍电极（简称镍电极），电解质为氢氧化钾水溶液。镍氢电池充电时，氢氧化钾电解液中的氢离子会被释放出来，由这些化合物将它吸收，避免形成氢气，以保持电池内部的压力和体积。当电池放电时，这些氢离子便会经由相反的过程而回到原来的地方。

镍镉、镍氢电池的充电过程非常相似，都要求恒流充电，以防止电池过充电。充电器对电池进行恒流充电，同时检测电池的电压和其他参数。为避免损坏电池，电池温度过低时不能开始快速充电，当电池温度低于 10℃ 时，应转入涓流充电方式。而一旦电池温度达到规定数值后，必须立即停止充电。

3. 镍氢电池型号说明

通常电池体上的 AAA、AA、C、D、N、F、SC 等标识都是美国型号标识。在我国，除了几种电池按"号"称呼之外，其他还是采用美国的命名方式。此外，二次锂电池的型号采用五位数（圆柱形）或六位数（方形）表示，如 14500、103450 等。常见电池型号、尺寸对照见表 3-1。

表 3-1　常见电池型号、尺寸对照表

序号	美国型号	我国俗称	尺寸（平头）
1	AAAA	AAAA	高度（41.5±0.5）mm，直径（8.1±0.2）mm
2	AAA	7 号	高度（43.6±0.5）mm，直径（10.1±0.2）mm
3	AA	5 号	高度（48.0±0.5）mm，直径（14.1±0.2）mm
4	A	A	高度（49.0±0.5）mm，直径（16.8±0.2）mm
5	SC	SC	高度（42.0±0.5）mm，直径（22.1±0.2）mm
6	C	2 号	高度（49.5±0.5）mm，直径（25.3±0.2）mm
7	D	1 号	高度（59.0±0.5）mm，直径（32.3±0.2）mm
8	N	N	高度（28.5±0.5）mm，直径（11.7±0.2）mm
9	F	F	高度（89.0±0.5）mm，直径（32.3±0.2）mm

平头电池是指电池正极是平的，没有凸起，主要适合做电池组点焊使用的电池芯。一般同等型号的尖头电池（可以用作单体电池供电的），在高度上比平头电池多 0.5mm。有些电池并不是 AAA、AA、A、SC、C、D、N、F 等主型号，而是带有 1/3、2/3、1/2、2/3、4/5、5/4、7/5 等分数，这些分数表示电池体高度与标准型号电池高度的比值。例如，2/3AA 表示电池高度是一般 AA 型电池的 2/3；4/5A 表示电池高度是一般 A 型电池的 4/5。

根据国际电工委员会（IEC）标准规定，镍镉和镍氢电池标识由以下五部分组成。

（1）电池种类　KR 表示镍镉电池；HF 表示方形镍氢电池；HR 表示圆柱形镍氢电池。

（2）电池尺寸　包括圆柱形电池直径/高度，方形电池宽度/厚度/高度，各数值之间用斜杠隔开，单位为 mm。

（3）放电特性符号　L 表示适宜放电电流倍率在 0.5C 以内；M 表示适宜放电电流倍率在 0.5～3.5C 范围内；H 表示适宜放电电流倍率在 3.5～7.0C 范围内；X 表示电池能在 7～15C 的高倍率放电电流下工作。

（4）高温电池符号　用 T 表示。

（5）电池连接片种类　CF 代表无连接片；HH 表示电池带串联连接片；HB 表示电池带并联连接片。

例如，HF18/07/49 表示方形镍氢电池，宽 18mm、厚 7mm、高 49mm；KRMT33/62CF 表示镍镉电池，放电倍率在 0.5 ~ 3.5C 之间，高温系列单体电池，无连接片，直径 33mm、高度 62mm。

4. 镍氢电池的应用特性

大功率的镍氢电池广泛应用于油电混合动力车辆中，最具代表性的例子是丰田普锐斯，该车使用了特别的充放电程序，电池充放电寿命可足够车辆使用十年。虽然镍氢电池的质量比锂离子电池大，但仍然有部分新能源汽车使用镍氢电池。从每个单体电池的电压来看，镍氢与镍镉电池的标称电压都是 1.2V。镍氢电池的主要应用特性见表 3-2。

表 3-2　镍氢电池的主要应用特性

序号	应用特性
1	质量比功率高，目前商业化的镍氢功率型电池能达到 1350W·h/kg
2	循环次数多，目前应用在电动汽车上的镍氢动力蓄电池，80% 放电深度（DOD）循环寿命可达 1000 次以上，为铅酸电池的 3 倍以上；100%DOD 循环寿命在 500 次以上，在混合动力电动汽车中可使用 5 年以上
3	无污染，不含铅、镉等对人体有害的金属，为 21 世纪绿色环保电源
4	耐过充电和过放电、无记忆效应
5	使用温度范围宽，正常使用温度范围为 −30 ~ 55℃，储存温度范围为 −40 ~ 70℃
6	安全、可靠，在短路、挤压、针刺、安全阀工作能力、跌落、加热、耐振动等安全性和可靠性试验中无爆炸、燃烧现象

三、锂离子电池

1. 锂离子电池的结构

锂离子电池大多是以正极材料作为命名的主要依据，例如：磷酸铁锂电池是用磷酸铁锂作为正极材料的锂离子电池；三元锂电池是指正极材料使用镍钴锰酸锂 $Li(NiCoMn)O_2$ 的锂离子电池。锂离子电池主要由正极、负极、电解液、隔膜和外壳构成。其中正极材料、负极材料、电解质、隔膜被称为锂离子电池的四大核心组件。

（1）正极材料　正极材料是决定锂离子电池性能的关键材料之一，其性能和价格对锂离子电池的影响较大。目前研制成功并得到应用的正极材料主要有钴酸锂、磷酸铁锂、锰酸锂、三元材料镍钴锰酸锂（NCM）和镍钴铝酸锂（NCA）等。在锂离子电池中，正极材料占有较大比例（正、负极材料的质量比为 3 : 1 ~ 4 : 1）。

（2）负极材料　锂离子电池的负极材料是充电过程中，锂离子和电子的载体，起着能量存储与释放的作用。负极材料占电池成本的 5% ~ 15%，碳材料是目前锂离子电池应用最为广泛的负极材料。

（3）电解液　电解液是锂离子电池中用于传输锂离子的载体，通常由锂盐和有机溶剂组成。电解液在锂离子电池正、负极之间起到传导锂离子的作用。电解液一般由高纯度的有机溶剂、电解质锂盐以及相关的添加剂等材料，在一定条件下、按一定比例配制而成。

（4）隔膜 隔膜位于电池的正、负极板之间，起到绝缘作用，是关键的内层组件之一。隔膜的性能决定了电池的截面结构及内阻，直接影响电池容量、循环寿命以及安全性能等特性。隔膜的主要作用是将电池的正、负极分隔开，防止两极接触而短路，此外还具有使电解质锂离子通过的功能。

由于锂离子电池正、负极使用的材料和制作工艺不同，其性能参数也存在一定的差异，性能参数对比见表3-3。其中钴酸锂电池由于稳定性较差、价格较高等原因，很少用作动力蓄电池。

表 3-3 锂离子电池性能参数对比

性能参数	钴酸锂	三元锂	锰酸锂	磷酸铁锂
电压平台 /V	3.7	3.7	3.8	3.2
最高电压 /V	4.2	4.2	4.2	3.7
最低电压 /V	2.6	3.0	2.5	2.65
循环寿命	>300	>800	>500	>2000
环保性能	含钴	含钴、镍	无毒	无毒
安全性能	差	较好	良好	优秀
适用领域	小电池	小电池、小型动力蓄电池	动力蓄电池	动力蓄电池、超大容量电池

2. 锂离子电池的工作原理

（1）放电过程 虽然锂离子电池种类繁多，但其工作原理大致相同。锂离子电池放电时，电子和锂离子 Li^+ 同时运动，电子从负极经过外电路导体跑到正极，Li^+ 从晶状体结构负极"脱插"进入电解液里，"穿过"隔膜上弯弯曲曲的小洞，"游泳"嵌入正极晶体空隙，与外电路过来的电子结合在一起，如图 3-6 所示。

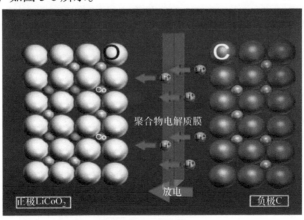

图 3-6 放电过程

（2）充电过程 充电时，晶状结构正极材料上的锂分成锂离子和电子，电子通过外部充电电路跑到负极上，Li^+ 从正极"脱嵌"进入电解液里，"穿过"隔膜上弯弯曲曲的小洞，"嵌入"晶状体结构负极，与电子结合在一起。由于 Li^+ 从正极"脱嵌"，经过电解质插入负极，因此负极处于富锂状态，如图 3-7 所示。

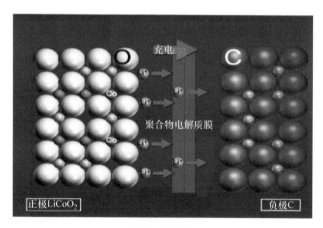

图 3-7　充电过程

3. 锂离子电池的型号

不同的锂离子电池生产厂家有不同的命名规则，但通用型电池大都遵循统一的标准，根据电池的名称就可以知道其尺寸等信息。IEC 规定，圆柱形和方形电池的型号命名规则如下：

（1）圆柱形电池　其型号用三个字母后跟五个数字表示。三个字母中，第一个字母表示负极材料，其中 I 表示有内置的锂离子，L 表示锂金属或锂合金电极；第二个字母表示正极材料，C 表示钴，N 表示镍，M 表示锰，V 表示钒；第三个字母为 R，表示圆柱形。五个数字中，前两个数字表示直径，后三个数字表示高度，单位都为 mm。

（2）方形电池　其型号用三个字母后跟六个数字表示。三个字母中，前两个字母的意义和圆柱形电池一样；后一个字母为 P，表示方形。六个数字中，前两个数字表示厚度，中间两个表示宽度，后面两个表示高度（长度），单位也为 mm。

例如：ICR 18650 表示直径为 18mm、高度为 65mm 的圆柱形电池；ICP 053353 表示厚度为 5mm、宽度为 33mm、高度（长度）为 53mm 的方形电池。锂离子电池实物型号标识如图 3-8 所示。

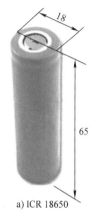

a）ICR 18650

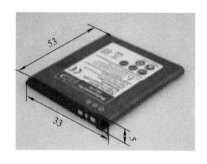

b）ICP 053353

图 3-8　锂离子电池实物型号标识

4. 锂离子电池的应用特性

（1）电压高 锂离子电池单体由于使用的正极材料不同，其额定电压也有所不同，最高可达 3.8V。锂离子电池的电压是镍镉、镍氢电池的 3 倍，是铅酸电池的近 2 倍，这也是锂离子动力蓄电池比能量高的一个重要原因。

组成具有相同电压的动力蓄电池组时，所使用的锂离子动力蓄电池的串联数目会大大少于铅酸电池和镍氢电池。而动力蓄电池中单体电池数量越多，电池组中单体电池的一致性要求就越高，寿命就越难以控制。在实际使用过程中，当电池组发生故障时，一般是其中一两个单体电池出现问题，然后导致整组电池出现问题。因此，不难理解 48V 的铅酸电池比 36V 的铅酸电池故障率高的原因，从这个角度上来讲，锂离子电池更适合作为动力蓄电池使用。例如，36V 的锂离子电池组只需要 10 个单体电池即可；而 36V 的铅酸电池组则需要 18 个单体电池，即 3 个 12V 的电池组，而每个 12V 的铅酸电池组又由 6 个单体电池组成。

（2）能量密度大 比能量大，高达 150W·l/kg，是镍氢电池的 2 倍，是铅酸电池的 4 倍。因此，锂离子电池的质量是相同能量铅酸电池的 1/4~1/3。从这个角度来讲，锂离子电池消耗的资源就少，而且锰酸锂电池中所使用元素的储量也比较多。其体积小，能量密度高达 400W·h/L，体积是相同能量铅酸电池的 1/3~1/2，提供了更合理的结构和更美观的外形设计条件、设计空间。

（3）寿命长 锂离子电池的循环次数可达 1000 ~ 3000 次。以容量保持在 70% 计算，电池组 100% 充放电循环次数可以达到 2000 次以上，使用年限可达 5 ~ 8 年，寿命为铅酸电池的 2~3 倍。随着技术的革新，锂离子电池的寿命会越来越长，性价比将越来越高。

（4）应用范围宽 低温性能好，可在 -40 ~ 55℃ 之间工作。而水溶液电池（如铅酸电池、镍氢电池）在低温时，由于电解液流动性变差，会导致性能大大降低。

（5）无记忆 每次充电前不需要放电，可以随时随地进行充电。电池充放电深度对电池的寿命影响不大，可以实现全充全放。

（6）无污染 锂离子动力蓄电池中不存在有毒物质，因此被称为绿色电池，是国家重点扶持项目。而铅酸电池和镉镍电池由于存在有害物质铅与镉，国家必然会加强其监管和治理，相应企业的成本也会增加。虽然锂离子电池没有污染，但从资源节约的角度考虑，需要综合考虑锂离子动力蓄电池的回收安全性以及回收成本问题。

（7）安全隐患 由于锂离子动力蓄电池的能量高、材料稳定性较差，故容易出现安全问题。2013 年，世界上知名的手机和笔记本电脑电池（正极材料为钴酸锂和三元材料）生产企业，如日本三洋、索尼等公司要求电池的爆喷率控制在 40 个 ppb（十亿分之一）以下，国内公司基本上能达到 ppm（百万分之一）级别。

（8）价格高 相同电压和相同容量的锂离子动力蓄电池的价格是铅酸电池的 3 ~ 4 倍。随着锂离子动力蓄电池市场的扩大、成本的降低、性能的提高，以及铅酸电池价格的提高，锂离子动力蓄电池的性价比有可能会超过铅酸电池。

四、动力蓄电池的技术参数

动力蓄电池是确保新能源汽车能够正常工作的基础，因此，动力蓄电池性能的好坏显得尤其重要。我国针对新能源汽车动力蓄电池系统建立了一系列的相关标准，其范围覆盖电芯、模组、动力蓄电池包和动力蓄电池系统四个层面。涉及的产品类型包括混合动力电动汽车、插电

式／增程式混合动力电动汽车、纯电动乘用车和商用车，已基本上了构成了一个完整的体系。常用动力蓄电池的主要技术参数如图 3-9 所示。

项目	SK-30.4kW·h	PPST-25.6kW·h
零部件号	E00008302	E00008417
额定电压/V	332	320
电芯容量/A·h	91.5	80
额定能量/kW·h	30.4	25.6
连接方式	3P91S	1P100S
电池系统供应商	BESK	PPST
电芯供应商	SKI	ATL
BMS供应商	SK innovation	E-power
总质量/kg	291	295
总体积/L	240	240
工作电压范围/V	250～382	250～365
能量密度/(W·h/kg)	104	86
体积比能量/(W·h/L)	127	107

图 3-9　常用动力蓄电池的主要技术参数

1. 额定电压

动力蓄电池的额定电压又称标称电压，额定电压 = 单体电芯额定电压 × 单体电芯串联数。动力蓄电池的实际工作电压是随着不同使用条件而不断变化的，其电压状态主要有以下几种：

（1）开路电压　开路电压是指电池在没有连接外电路或负载时的电压。开路电压与电池剩余能量有一定的联系，剩余电量显示利用的就是这个原理。

（2）工作电压　工作电压是指电池在工作状态下，即电路中有电流通过时，电池正、负极之间的电势差。在电池放电工作状态下，当电流流过电池内部时，必须克服内阻的阻力，因此工作电压总是低于开路电压。

（3）放电截止电压　放电截止电压是指电池充满电后进行放电，放完电时达到的电压。若此时继续放电则为过度放电，对电池的使用寿命和性能会有很大的损伤。

（4）充电限制电压　充电限制电压是指充电过程中由恒流变为恒压充电的电压。

2. 电芯容量（A·h）

电芯容量是指动力蓄电池能够储存的电量，是衡量电池性能的重要指标之一。动力蓄电池电芯容量 = 单体电芯容量 × 单体电芯并联数量。电芯容量是由电池电极活性物质决定的，主要取决于活性物质的数量、质量以及利用率。

电芯容量用 C 表示，单位为 A·h（安·时）或 mA·h（毫安·时）。它等于放电电流（A）× 放电时间（h），即 $C = It$。

3. 额定能量（kW·h）

动力蓄电池的额定能量是衡量其性能的重要指标之一，单位为 kW·h（千瓦·时）。动力

蓄电池的额定能量 = 动力蓄电池的额定电压 × 动力蓄电池的电芯容量。

额定能量是汽车厂商公布的电池储备电量大小的度量。$1kW \cdot h$ 的物理意义是功率为 $1kW$ 的电器工作 $1h$ 所消耗的电能。在日常生活中，$1kW \cdot h$ 即 1 度电。

4. 能量密度（$W \cdot h/kg$）

能量密度是指电池单位体积或单位质量所释放出来的能量，通常用体积能量密度（$W \cdot h/L$）和质量能量密度（$W \cdot h/kg$）表示。常见电池能量密度对比见表 3-4。

表 3-4   常见电池能量密度对比

电池类型		铅酸电池	镍镉电池	镍氢电池	锂电池
能量密度	$W \cdot h/kg$	$30 \sim 50$	$50 \sim 60$	$60 \sim 70$	$130 \sim 180$
	$W \cdot h/L$	$50 \sim 80$	$130 \sim 150$	$190 \sim 200$	$350 \sim 400$

5. 电池内阻

电池内阻是指蓄电池工作时，电流流过电池内部所受到的阻力，它包括欧姆内阻和极化内阻。欧姆内阻主要是由电极材料、电解液、隔膜电阻及各部分零件的接触电阻组成的，与电池的尺寸、结构、装配等因素有关。

电池的内阻不是常数，而是在充放电过程中随时间不断变化的。这是因为活性物质的组成、电解液的浓度和温度都在不断地改变，不同类型电池的内阻不同。即便是相同类型的电池，由于内部化学特性不一致，其内阻也不一样。电池的内阻很小，一般以 $m\Omega$ 为单位来定义它。内阻是衡量电池性能的一个重要技术指标，正常情况下，内阻小的电池，其大电流放电能力强；内阻大的电池，其放电能力就弱。

6. 剩余电量（SOC）

剩余电量是指动力蓄电池内部的可用电量占标称容量的比例，是电池管理系统中的一个重要监控数据，电池管理系统根据 SOC 值控制电池的工作状态。

7. 充放电倍率（C）

充放电倍率用来表示电池充放电时电流大小的比率，即倍率。

充放电倍率 = 充放电电流 / 额定容量。例如，额定容量为 $100A \cdot h$ 的电池用 $20A$ 放电时，其放电倍率为 $0.2C$。电池放电倍率的 $1C$、$2C$、$0.2C$ 是指电池的放电速率，是放电快慢的一种量度。所有的容量 $1h$ 放电完毕，称为 $1C$ 放电；$5h$ 放电完毕，则称为（$1/5$）$C = 0.2C$ 放电；对于 $24A \cdot h$ 电池来说，$2C$ 放电电流为 $48A$，$0.5C$ 放电电流为 $12A$。

8. 放电深度（DOD）

在电池的使用过程中，电池放出的容量占其额定容量的百分比称为放电深度。放电深度的高低和二次电池的充电寿命有很大的关系。二次电池的放电深度越深，其充电寿命就越短，这会导致电池的使用寿命变短，因此在使用时应尽量避免深度放电。

五、动力蓄电池成组技术

1. 术语解释

根据 GB/T 19596—2017 的定义，动力蓄电池系统（动力蓄电池包）是指一个或一个以上蓄电池包及相应附件（蓄电池管理系统、高压电路、低压电路、热管理设备以及机械总成）构成的为电动汽车整车的行驶提供电能的能量存储装置。

（1）单体蓄电池　单体蓄电池是将化学能与电能进行相互转换的基本单元装置，通常包括电极、隔膜、电解质、外壳和端子，并被设计成可充电的，也称作电芯。单体蓄电池在物理结构上是构成动力蓄电池包或动力蓄电池系统的最小单元，可作为一个单元替换。

（2）蓄电池电芯组　一组并联连接的单体蓄电池，可能包含监测电路与保护装置（如熔断器等）。

注意：蓄电池电芯组没有固定的封装外壳、电子控制装置，且没有确定的极柱布置，不能直接应用到车辆上。

（3）蓄电池模块　将一个以上的单体蓄电池按照串联、并联或串并联的方式组合起来，并作为电源使用的组合体，也称作蓄电池组。

（4）蓄电池管理系统　监视蓄电池的状态（温度、电压、荷电状态等），可以为蓄电池提供通信、安全、电芯均衡及管理控制，并提供与应用设备间通信接口的系统。

（5）动力蓄电池箱　用于盛装蓄电池组、蓄电池管理系统以及相应的辅助元器件，并包含机械连接、电气连接、防护等功能的总成，简称蓄电池箱。

（6）蓄电池包　通常包括蓄电池组、蓄电池管理系统、蓄电池箱及相应附件（冷却部件、连接电缆等），具有从外部获得电能并可对外输出电能的单元。蓄电池包的生产流程如图 3-10 所示。

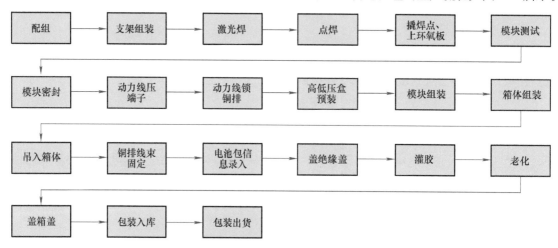

图 3-10　蓄电池包的生产流程

2. 动力蓄电池成组技术要点

在纯电动汽车和插电式混合动力电动汽车中，单体蓄电池难以满足电压需求，需要将若干个蓄电池单体和模块通过串并联的方式组合成蓄电池包，蓄电池成组技术如图 3-11 所示。串联可以增加电压，但是容量不变；并联可以增加容量，但是电压不变。

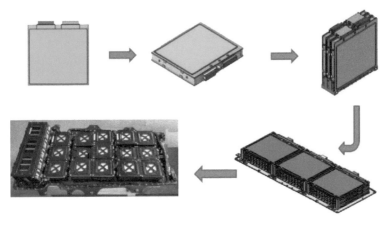

图 3-11　蓄电池成组技术

　　蓄电池的连接方式通常用 ××P××S 表示。例如:3P91S 表示由 3 个单体电池并联成一组,共有 91 组串联在一起;1P100S,表示由 100 个单体电池串联而成。北汽 EV160 纯电动汽车的电芯组成方式是 1P100S,即将 100 个磷酸铁锂单体电池串联在一起,组成了车辆的动力蓄电池组;而北汽 EV200 纯电动汽车的电芯组成方式是 3P91S,即该电池包是由 3 个三元锂电池单体并联组成一个模块,再用 91 个这样的模块串联成一个整体,构成了动力蓄电池总成。

　　(1)电池均衡　组合的电池数量越多,电池组的可靠性越差。在进行电池组合时,应采用同一系列、同一规格的电池,这就是常说的电池均衡问题。动力蓄电池的一致性差是指一组电池内,单体电池之间出现的剩余容量差异过大、电压差异过大等情况,从而导致新能源汽车的续航能力下降。造成动力蓄电池组内单体电池一致性差的主要原因有以下几点:

　　1)生产工艺差异。由于电池材料、存放时间、生产工艺等原因,导致各单体电池之间不可避免地存在差异。改善电池的生产制造工艺,从生产上尽可能保证电池的一致性,使用同一批次的电池进行配组,这种方法有一定效果,但无法完全解决一致性差的问题。电池组使用一段时间后,仍会出现一致性差的问题,如果不能及时处理,则问题会愈加严重,甚至会发生危险。

　　2)温度差异。在新能源汽车上,蓄电池的安装位置不同,热环境也存在一定的差异;即使是在同一位置的电池,由于通风条件的不同,也会导致单体电池之间的温差,造成电池包温度不均匀,还有可能出现局部高温的情况。

　　3)放电倍率差异。同一种电池具有相同的放电倍率,随着电池的使用容量会产生变化,导致最佳放电电流不同。

　　4)放电深度差异。放电深度是表示蓄电池放电状态的参数,等于实际放电容量与可用容量的百分比。新能源汽车的续驶里程主要是由动力蓄电池的容量决定的,电池放电深度的不同会导致一致性变差。

　　5)可用容量差异。在充电过程中,容量偏小的电池将提前充满电,为使电池组中其他电池也能够充满电,小容量电池必将出现过充电现象。如果为了避免小容量电池发生过充电而提前结束整个蓄电池系统的充电,则会导致其他容量偏大的电池处于欠充电状态。这种情况不仅会影响电池组的充电过程,还会影响电池的使用寿命,甚至会带来安全隐患。动力蓄电池组一致性差的成因及其传递过程如图 3-12 所示。

　　(2)电池安全　单体电池通过并联、串联或串并联方式成组后,作为一个整体对外工作时的安全问题是新能源汽车的核心问题，也是整个社会都极度关注的问题。电池安全是电池技术实现革命性突破的第一重点，也是促进纯电动汽车性能提升的关键。关于动力蓄电池系统的安全问题，概括起来有8个方面。

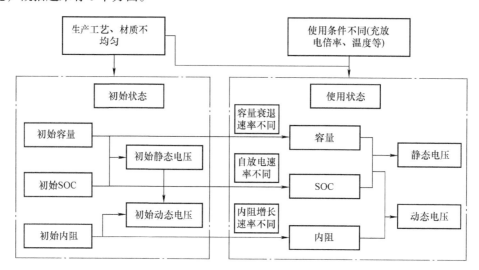

图3-12　动力蓄电池组一致性差的成因及其传递过程

1）电芯安全。通过电芯、电池模块标准化来改善电芯安全。在设计方面，把电芯的设计问题集中暴露出来并集中处理，生产设备的标准化程度也会相应高一些。通过标准化，可以把优秀的设备配套商和零配件配套商的经验向行业推广，这样可以整体提高电池行业的安全技术水平。电芯标准化可以减少低层次劳动的重复，对电芯的安全性能有很大的提升，更多厂商做同一个标准的电芯，电芯成本会下降，安全性会提高。

2）成组安全。相对于单体电池来讲，锂电池成组应用是新能源汽车的关键。新能源汽车的动力蓄电池需要由多只单体电池串并联组成，此时成组应用一致性差的问题就会凸显出来。即使是在电池出厂时一致性偏好的情况下，只要在新能源汽车特有工况环境（电池在电动汽车上的摆放位置不同、温度场不同等）下应用一段时间，因电池组串并联引起的电化学特性的改变就会显现出来，从而导致电池组中某一单体电池由于过充电或过放电等原因率先失效，影响电池组的安全性和循环寿命。动力蓄电池系统热管理功能的设计，对保证电池成组后的安全性非常重要。温度对电池电压的影响很大，热管理功能设计得好，热量均衡，BMS便可对每个电芯做精确的检测、管控和预警。

3）电池管理。动力蓄电池管理系统（BMS）是对新能源汽车动力蓄电池组进行安全监控及有效管理的装置。它能够提高新能源汽车电池的使用效率、增加续驶里程、延长使用寿命、降低运行成本、提高电池组可靠性，进而有效提升新能源汽车整车品质。BMS主要由控制模块、均衡电源模块和检测模块三部分构成。

4）设计安全。目前，将镍钴锰三元电池作为乘用车动力蓄电池的主流技术路线，在我国新能源汽车产业中已得以确立，原本二分天下的磷酸铁锂电池已逐步"黯然退出"。采用磷酸铁锂动力蓄电池的新能源乘用车在2017年之后的市场上已经很少见到；而在对动力蓄电池安全性要求非常高的公共交通领域，磷酸铁锂电池依然占重要地位，虽然其单体成组效率高、工作温度范围宽泛、在400℃以上依然不会出现大面积热失控，但依然无法与强大的产业政策相抗衡。

2017年，在我国新能源汽车动力蓄电池行业，镍钴锰三元电池普遍采用的是配方比例为

1 ∶ 1 ∶ 1 的镍钴锰三元正极材料，动力蓄电池的单体能量密度约为 170W·h/kg；到 2018 年，全行业的镍钴锰三元配方比例变成了 5 ∶ 2 ∶ 3，动力蓄电池的单体能量密度约为 210W·h/kg；而在 2018 年即将结束的时候，国内某动力蓄电池龙头生产企业迫不及待地宣布将大规模投产配方比例为 8 ∶ 1 ∶ 1 的镍钴锰三元电池，动力蓄电池的单体能量密度将超过 300W·h/kg。

高镍三元电池的良品率、内阻一致性、焊接工艺、散热系统效能以及 BMS 等中的任何一项有问题，都会导致极其严重的后果。各种电池材料、电池结构均有优缺点，对安全性的影响程度也不相同，只要设计科学、制造精密，在一定程度上都可以制造出安全性可以接受的动力蓄电池。

5）充电安全。新能源汽车使用中的安全问题是事关用户生命财产安全和产业发展的底线，而为车辆充电是用车过程中的重要环节。充电安全主要涉及信息安全、电气安全和消防安全三个方面。

① 信息安全。充电场所中的扫码充电存在信息安全隐患。目前，通过扫描二维码来完成充电设施的启停和充电的支付结算是很多充电运营企业的选择，如果运营企业仅是将一张打印好的二维码张贴到充电桩上供用户使用，这样的方式是存在信息安全隐患的。

② 电气安全。新能源汽车的公共充电设施需要面向近百家车企的数千个车型提供充电服务，大多存在"高压带电、放置室外、无人值守"的现象。充电设备本体的安全风险逐渐得到了人们的重视，可以通过充电设备硬件电路的设计来降低风险。例如，使用带有保护功能的电气元件来降低风险，通过软件来监测是否超限、过充电等。在绝缘防护、漏电保护和充电过程绝缘监测等方面加强风险管控，防止人身触电。

③ 消防安全。消防安全始终贯穿整个充电过程以及充电场地的全生命周期。在 GB/T 51313—2018《电动汽车分散充电设施工程技术标准》中，就消防安全问题进行了较为详细的阐述和规定。

6）使用安全。通过使用防火材料，或在防火结构上做防火隔热处理等方式，延缓热失控的扩散过程。增加烟雾检测、化学成分检测、温升检测等环节，通过检测发现早期单体热失控，并给驾驶人和乘客发出警报，提醒人员逃生。

目前，电动客车国家标准正在推动增加灭火装置，在整车设计方面要增加安全逃生装置。新能源汽车和传统燃油汽车不一样，动力蓄电池是车辆的唯一动力来源，在车辆发生严重故障的情况下，如果通过切断供电电路的方式进行控制，车门有可能会打不开。所以在整车设计上，如果能增加可以快速、方便打开的逃生门或者其他逃生装置，将是一个可行的选择。

7）安全预警。根据新能源汽车国家标准，可以通过互联网把整车控制器（VCU）收集到的 BMS 信息上传到云端进行大数据分析。监控平台不断收集新能源汽车的工况数据、报警数据、诊断数据等并进行实时分析，向用户提供精准报警推送和智能预警分析结果。当新能源汽车出现安全问题时，通过预警装置可以提醒驾驶人靠边停车，提高了安全预警的可靠性。

8）日常维护。现在新能源汽车的一些问题源自没有日常维护标准或国家强制检测标准。传统燃油汽车都有强制检测，而新能源汽车作为新生事物，其安全性、可靠性还没有达到传统燃油汽车的级别。究竟是每隔 3 个月、6 个月，还是 1 年进行维护检测，应该检测哪些项目（系统密封性、电气可靠性、连接可靠性等），都缺少相关的标准。

新能源汽车几乎不需要维护，但实际上这与安全意识背道而驰。因此，国家应该制定新能源汽车的强制检测标准，整车厂也应该有强制检测的项目要求，制定新能源汽车的日常维护流程及国家的相关法律规定是非常紧急和必要的。

第二节 新能源汽车动力蓄电池及其管理系统结构原理

一、动力蓄电池系统的基本组成

在新能源汽车中，动力蓄电池及其管理系统、驱动电机及其控制系统、整车控制器是三大核心部件，即通常所说的"三大电"。电控空调系统、电控转向系统、电控制动系统是新能源汽车的三个主要辅助系统，即"三小电"，这六个电气系统作为新能源汽车的关键部件，对整车的动力性、经济性、可靠性和安全性起着决定性的作用。

新能源汽车动力蓄电池系统主要包括动力蓄电池储能系统、动力蓄电池管理系统和动力蓄电池充电系统三大部分。动力蓄电池是新能源汽车的核心，为整车提供驱动车辆行驶的电能。动力蓄电池系统的很多零部件通常集成在一个密闭的箱体内，叫作动力蓄电池箱或电池包，安装在车身底部的前后桥与两侧纵梁之间。北汽 EV160 动力蓄电池箱体如图 3-13 所示。将动力蓄电池安装在该位置具有较高的碰撞安全性，还可以降低车辆的重心、简化车身结构。

图 3-13　北汽 EV160 动力蓄电池箱体

1. 动力蓄电池箱

动力蓄电池箱内主要包括动力蓄电池模组、电池管理系统、辅助元器件以及动力蓄电池箱体等部件。动力蓄电池箱的内部结构如图 3-14 所示。

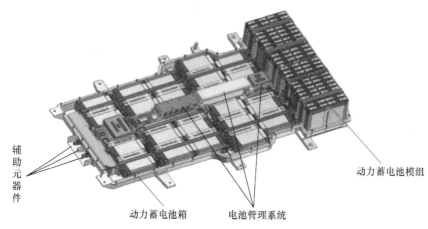

辅助元器件

动力蓄电池模组

动力蓄电池箱　　电池管理系统

图 3-14　动力蓄电池箱的内部结构

动力蓄电池箱用来支承、固定和包围动力蓄电池系统组件，具有承载保护动力蓄电池模组及电气元件的作用。新能源汽车的动力蓄电池箱体大都是通过螺栓固定在车身底部下方，其防护等级为IP67。当进行整车维护时，需要观察动力蓄电池箱体螺栓是否松动、箱体是否有破损变形、密封法兰是否完整等；动力蓄电池箱体表面不得有划痕、尖角、毛刺、焊缝及剩余油迹等外观缺陷。

北汽 EV160 动力蓄电池内部结构如图 3-15 所示。

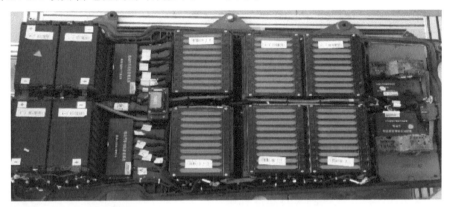

图 3-15　北汽 EV160 动力蓄电池内部结构

比亚迪 E5 动力蓄电池内部结构如图 3-16 所示。

长城 WEY P8 动力蓄电池内部结构如图 3-17 所示。

图 3-16　比亚迪 E5 动力蓄电池内部结构

图 3-17　长城 WEY P8 动力蓄电池内部结构

2. 电池模组

由于电池单体的容量存在限制，想达到车辆的使用要求，往往需要将若干个电池单体按照一定的规律进行组合，进而构成电池模组。

电池模组是指电池单体通过串并联的方式进行组合，并设置保护电路板及外壳后能够直接提供电能的组合体，如图 3-18 所示。电池模组的组合方法主要有先并后串、先串后并和混联三种，是组成动力蓄电池系统的次级结构之一。

3. 辅助元器件

不同车型的动力蓄电池管理系统略有差异，但总的来说，动力蓄电池箱内部的辅助元器件大同小异。按照作用分类，主要有电子控制单元、继电器组件、信息采集元件、温度调节元件、保护装置以及高低压连接线束等。动力蓄电池系统中的常用辅助元器件如下。

图 3-18　电池模组

（1）主控盒　主控盒也叫主控模块，是一个连接外部通信和内部通信的信息交换平台，如图 3-19 所示。总电压和总电流的采集、内部和外部通信、故障记录、故障决策等，都是主控模块的功能，其主要功能如下：

1）接收电池管理系统反馈的实时温度和单体电压，并计算其最大值和最小值。

2）接收高压盒反馈的总电压和总电流数据。

3）负责与整车控制器进行通信。

4）负责与车载充电机或充电桩进行通信。

5）控制动力蓄电池主正继电器。

6）控制动力蓄电池加热。

7）负责动力蓄电池唤醒应答信号。

8）控制动力蓄电池的充放电电流。

图 3-19　主控盒

（2）从控盒　从控盒也叫从控模块，一般只具备电压、温度采集功能及均衡功能，如图 3-20 所示。动力蓄电池管理系统通常设有两个从控盒，分别采集左右电池组的单体电压和模组温度，然后通过 CAN 总线将信息输送给主控盒。

（3）高压盒　高压盒主要用来采集总电压、总电流以及动力蓄电池的绝缘情况，并通过 CAN 总线将采集到的信息输送给主控盒，如图 3-21 所示。

图 3-20　从控盒

（4）高压继电器　高压继电器是接通和切断高压电源的执行部件，其形式类似于普通继电器，如图 3-22 所示。电池包内通常设有多个高压继电器，一般有总正、总负、预充以及加热继电器等。继电器通常采用陶瓷或环氧树脂材料，为密封结构，保护线圈和触点不被氧化和污染。电池管理系统需要对继电器的驱动状态进行检测，通过与整车控制器通信协调后实施对高压继电器的控制。

图 3-21　高压盒

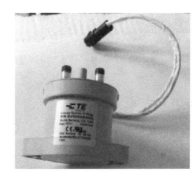

图 3-22　高压继电器

（5）维护插接器　维护插接器也叫维修开关，它在特定时刻能够实现高压系统的电气隔离，是保证电动汽车高压电气安全的关键部件，如图 3-23 所示。当对车辆进行维修或存在漏电危险等特殊情况时，可以使用维护插接器手动切断高压电路。维修开关采用两阶段打开方式，内置高压互锁触点，插合后的防护等级为 IP67，插拔寿命一般在 500 次以上。

（6）高压断路器　高压断路器也叫高压熔断器，是最简单的电气保护装置之一，通常串联在高压电路中，如图 3-24 所示。当电路或电路中的设备因过载而发生故障时，熔件发热熔化，从而迅速切断电路，达到保护电路或电气设备的目的。

图 3-23　维护插接器

图 3-24　高压断路器

（7）电加热膜　动力蓄电池的电加热膜外表为一层绝缘硅胶，因此又称硅胶电热膜或硅胶电热片，如图 3-25 所示。它是一种采用耐高温、高导热、绝缘性能好、强度高的硅橡胶，耐高温的纤维增强材料以及金属发热电路集合而成的软性电加热元件。硅胶电热片是薄片状产品，其厚度通常为 1.5mm 左右，它具有很好的柔软性，可以与被加热物体完全紧密接触。通电后，电加热膜内的金属材料发热，产生电热效应对动力蓄电池进行加热。

图 3-25　电加热膜

（8）加热继电器组件　受电池应用材料所限，动力蓄电池的性能还无法满足低温环境下的
使用要求，因此，在动力蓄电池管理系统中设计了
单独的温度控制系统，主要包括加热继电器组件
（图 3-26）和加热熔断器组件等。温度控制系统能
够对动力蓄电池进行安全监控和有效管理，使动力
蓄电池工作在合适的温度范围内。当动力蓄电池的
加热电流过大时，可以通过加热熔断器断开加热电
路，以保护电池的加热系统。

图 3-26　加热继电器组件

（9）温度传感器　温度传感器用来检测动力蓄
电池电芯温度，如图 3-27 所示。动力蓄电池电芯温度在 0 ~ 55℃之间时才可以进行充电，当有
温度点高于 55℃或低于 0℃时，电池管理系统将自动切断充电回路，此时无法充电。充电前，
BMS 首先检测动力蓄电池箱体内部温度，若有低于 0℃的温度点，则启动加热模式，闭合加热
继电器进行加热，待所有电芯温度点均高于 5℃后停止加热，启动充电程序。

（10）预充继电器组件　预充继电器组件由预充继电器和预充电阻组成，串联在动力蓄电
池的预充电路中，起到限流的作用，如图 3-28 所示。新能源汽车高压上电初期，首先用高电
压、小电流给各控制器内的电容充电，当电容两端的电压接近动力蓄电池总电压时（差值在
5V 左右），系统判定预充结束，闭合总正极继电器。

图 3-27　温度传感器

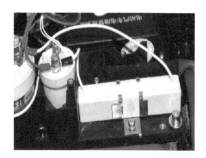

图 3-28　预充继电器组件

（11）分流器　新能源汽车动力蓄电池工作电流的测量装置主要有霍尔式电流传感器和电
阻分流器两种。电阻分流器简称分流器，是一个能够通过极大电流的精密电阻，其阻值是严格
设计好的，串接在直流电路里，如图 3-29 所示。当高压电流过分流器时，分流器两端产生毫伏
级直流电压差值信号，该信号输送给电池管理系统，用以计量该直流电路里的电流值。

（12）电流传感器　电流传感器串联在动力蓄电池高压电路中，用来检测动力蓄电池的充
放电电流，如图 3-30 所示。在动力蓄电池充放电过程中，BMS 可以利用电流传感器实时采集
工作电流，防止发生过充电或过放电现象，还能检测电池绝缘受损以及局部短路的情况，进而
保证整个动力蓄电池系统运行的可靠性和高效性。

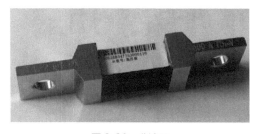

图 3-29　分流器

图 3-30　电流传感器

二、动力蓄电池管理系统的核心功能

动力蓄电池管理系统（BMS）是保证动力蓄电池正常使用、行车安全、完成数据采集和提高电池寿命的一个关键部分。它能提升动力蓄电池的工作性能，预防个别单体电池早期损坏，有利于新能源汽车的顺利运行，并具有保护和警告功能。电池管理系统相当于人的大脑，不仅要保证该系统的安全可靠使用，还要充分发挥动力蓄电池的性能并延长其使用寿命。电池管理系统作为动力蓄电池和整车控制器（VCU）以及驾驶者沟通的桥梁，通过控制高压继电器的动作来控制动力蓄电池的充放电，并向整车控制器上报动力蓄电池系统的运行参数与故障信息。

BMS 按性质不同，分为硬件和软件两部分；按功能不同，则分为数据采集单元和控制单元。BMS 的硬件部分主要有主板、从板及高压盒，还包括采集电压、电流、温度等数据的电子元器件；软件部分主要用来监测电池的电压、电流、SOC 值、绝缘电阻值、温度值等，通过与 VCU、充电机的通信，来控制动力蓄电池系统的充放电。BMS 系统架构如图 3-31 所示。

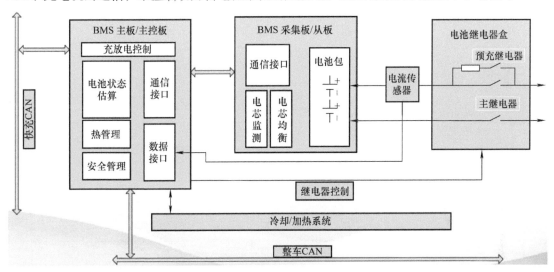

图 3-31　BMS 系统架构

新能源汽车（以北汽 EV160 为例）动力蓄电池系统实车运行数据如图 3-32 所示。

新能源汽车使用的动力蓄电池普遍具有容量大，串并联节数多，电压高，电流大，系统复杂，安全性、耐久性、动力性要求高等特点。动力蓄电池安全工作区域受温度、电压、电流等条件限制，工作参数一旦超过限定范围，电池性能就会急速衰减、动力下降，甚至会引发安全问题。因此，电池管理系统的重要性不言而喻，它是动力蓄电池系统的核心部件，也是整车制造企业最为关注的技术环节之一。

BMS 作为新能源汽车的核心部件，产业链各环节的主体均参与了布局，总体来看，我国 BMS 市场参与者主要有动力蓄电池企业、整车企业和专业第三方 BMS 企业三类。目前，国内第一梯队的动力蓄电池企业均涉足 BMS 的研发，且大多是"BMS+PACK"模式，掌握了动力蓄电池从电芯到电池包的整套核心技术，具有较强的竞争实力，代表企业有比亚迪集团（BYD）、宁德时代（CATL）、中航锂电（CALB）、国轩高科等。整车企业对单体电芯制作的参与较少，一般通过兼并购、战略合作等方式介入，而 BMS 则是优质企业重点考虑的领域。国内如长安、北汽、吉利、比亚迪等车企均有专门的研发团队进行 BMS 的研发。目前，国内专业第三方 BMS 企业仍占据主要位置。一部分是动力蓄电池的 BMS 企业，另一部分是传

统数码电池企业及由 BMS 企业转型而来的企业。相对来讲，作为专业第三方 BMS 企业，其技术积累有天然的优势。国内处于竞争前列的企业主要有科列技术、亿能电子、武汉冠拓、力高新能源、华霆动力、上海妙益等。

名称	当前值	单位
动力电池内部总电压	326.20	V
动力电池充放电电流	0.00	A
动力电池外部总电压	326.20	V
整车状态机编码	30	
直流母线电压实际值	163.50	V
BMS自检计数器	3	
动力电池负端继电器当前状态	开启	
冷却风扇状态	开启	
动力电池正端继电器当前状态	关闭	
动力电池预充继电器当前状态	关闭	
正极对地绝缘电阻	2000	KΩ
负极对地绝缘电阻	2000	KΩ
动力电池允许最大充电电流	0.0	A
动力电池允许最高充电端电压	360.00	V
当前状态允许最大放电功率	70.00	kW
当前状态允许最大馈电功率	38.40	kW
动力电池SOC	26	%
动力电池可用容量	0.20	Ah
动力电池可用能量	0.06	KWH
单体电芯最高电压	3.26	V
最高电压单体序号	35	
单体电芯最低电压	3.25	V
最低电压单体序号	83	
单体电芯最高温度	16	deg C
最高温度单体序号	1	
单体电芯最低温度	15	deg C
最低温度单体序号	3	
1号子板EEPROM故障状态	正常	
2号子板EEPROM故障状态	正常	
3号子板EEPROM故障状态	正常	
4号子板EEPROM故障状态	正常	
5号子板EEPROM故障状态	正常	

列 >> EV160-2016款 >> 系统选择 >> 动力电池系统(BMS)(2017年4月1日以前生产) >> 数据流

图 3-32　动力蓄电池系统实车运行数据

三、动力蓄电池高压上电原理

动力蓄电池是电化学产品，即为危险品，但其危险品等级相对较低。国际有关组织对危险品等级进行了划分，动力蓄电池属于第 8、9 级危险品，与炸弹、鞭炮、汽油、柴油等相比，其在常态下不会爆炸、起火。但是，动力蓄电池安装到汽车上以后，其环境发生了很大变化，为了提高车辆的安全系数，新能源汽车的动力蓄电池系统在高压上电时有一个比较复杂的过程。传统的燃油汽车只需将点火开关置于"START"位置，通过一个继电器就可以接通全车主要用电设备的供电电路，在这一过程中，也无须进行相关电路的安全检测。而对于新能源汽车，从将点火开关置于"START"位置，到仪表盘显示"READY"状态，在这个过程中，其高压系统经历了一系列的内部自检与控制过程，这一过程即为新能源汽车动力蓄电池高压上电原理，如图 3-33 所示。

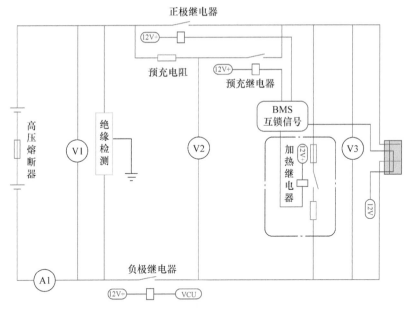

图 3-33　动力蓄电池高压上电原理

新能源汽车高压系统采用基于 STATE 机制的动力蓄电池系统上下电控制策略。根据外部输入信号，由整车控制器（VCU）发送工作模式，可分为远程模式、行车模式、慢充模式和快充模式四种。高压上电时，通过电压检测点 V1、V2 和 V3 来判断和控制上电过程，如图 3-34 所示。

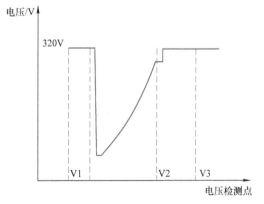

图 3-34　高压上电策略

1. 低压上电

1）BMS 判断 VCU 输出的"wake up"唤醒信号为高电位，BMS 被唤醒。

2）BMS 判断整车 STATE 为新能源低压供电或新能源低压自检、慢充或快充，且 VCU 输出的"wake up"信号为高电位，BMS 开始初始化。

3）BMS 检测外围输入输出接口数据，读取动力蓄电池中存储的可用容量、SOC、故障信息、巡检单体电池状态、巡检温度、MSD 检测、电池绝缘检测、V1/V2/V3 及总电压检测、负极主继电器粘连检测、正极及预充继电器粘连检测、动力蓄电池高压互锁检测等。

2. 高压上电

1）低压系统上电完成后，BMS 进行动力蓄电池总电压 V1 检测。若 V1 电压低于 10V，则系统判定手动维修开关（MSD）断路或主熔断器断路。

2）若 V1 无故障，BMS 将闭合主负继电器，然后进行 V2 检测，BMS 通过检测 V1 与 V2 的差值来判断该上电过程是否正常。如果预充继电器闭合 750ms 后，V1 与 V2 的差值大于 15V，或 V2 的电压小于 V1 电压的 95%，则 BMS 上报"预充电未完成"故障。

3）若预充阶段正常，则 BMS 闭合主正继电器，20ms 后断开预充继电器，之后上报"预充电完成"。然后系统进行 V3 参数检测，数值正常后，通过 VBU 点亮仪表 READY 灯。

3. 预充功能

新能源汽车驱动电机控制器负载前端都有较大的电容，在冷态启动时，电容上无电荷或只有很低的残留电压。当无预充电过程时，主继电器直接与电容接通，此时动力蓄电池的高压电直接作用到负载电容上，相当于瞬间短路，继电器及主熔断器必将损坏。为缓解高压电的冲击，BMS 控制上电模式初期用高电压、小电流给各控制器电容充电。电池管理系统先闭合预充电继电器进行预充电，预充完成后闭合总正继电器，再断开预充继电器，预充控制原理如图 3-35 所示。

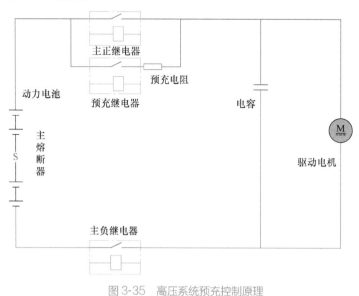

图 3-35　高压系统预充控制原理

第三节　新能源汽车动力蓄电池总成更换

一、吉利新能源汽车动力蓄电池总成更换

吉利帝豪 EV450 动力蓄电池使用单体 153A·h 的电芯串联而成，电池的容量为 52kW·h，质量为 380kg，能量密度达到了 142W·h/kg，处于行业领先水平。其动力蓄电池总成的更换流程如下：

1）拆卸低压蓄电池负极接线，如图 3-36 所示。

2）安装蓄电池负极桩头盖，放置电源断开警示牌，并等待 5min。

3）打开驾驶室内部的中央扶手箱，拆卸动力蓄电池维修开关，如图 3-37 所示。

图 3-36　拆卸低压蓄电池负极接线

图 3-37　动力蓄电池维修开关

4）将举升臂橡胶托盘放在车身边梁加强筋正下方，平稳举升车辆至合适高度。

5）拆卸车底小横梁与护板，如图 3-38 所示。

6）检查动力蓄电池外观有无明显损伤，高低压线束有无破损、裸露现象，如图 3-39 所示。

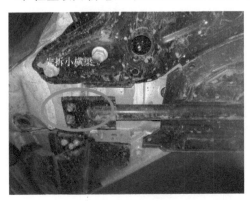

图 3-38　拆卸车底小横梁与护板

图 3-39　检查动力蓄电池外观及连接线束

7）断开低压线束连接器。

8）戴上绝缘手套，断开动力蓄电池高压线束连接器，如图 3-40 所示。用万用表测量动力蓄电池输出端电压，标准电压不大于 5V。

9）拆卸动力蓄电池冷却液管，用密封盖堵住冷却液管接口；拆卸动力蓄电池搭铁线，如图 3-41 所示。

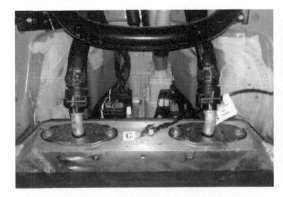

图 3-40　断开高压线束连接器

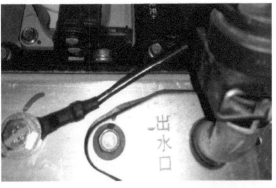

图 3-41　拆卸动力蓄电池冷却液管及搭铁线

10）将动力蓄电池举升车推入车底合适位置，然后锁定举升车脚轮，缓慢升起举升动力蓄电池工作平台至合适高度，如图 3-42 所示。

11）拆卸动力蓄电池后部的 3 个固定螺栓、前部的 2 个固定螺栓以及左右两侧的各 7 个固定螺栓，如图 3-43 所示。

图 3-42　动力蓄电池举升车

图 3-43　动力蓄电池固定螺栓

12）缓慢降下动力蓄电池举升车，将动力蓄电池总成推出维修工位。

13）安装动力蓄电池时，按与拆卸时相反的顺序进行。将动力蓄电池举升车推至车辆底部，调整位置后锁止脚轮。

14）将动力蓄电池缓慢举升至车底并对准固定螺孔位置，安装动力蓄电池后部的 3 个固定螺栓、前部的 2 个固定螺栓、左右两侧的各 7 个固定螺栓，紧固力矩为 78N·m。

15）降下动力蓄电池举升车并推出工位，安装动力蓄电池搭铁线，螺栓紧固力矩为 10N·m。

16）安装动力蓄电池高压线束连接器和低压线束连接器。

17）安装动力蓄电池冷却液管路，安装动力蓄电池护板、小横梁。

18）添加冷却液至规定位置，安装动力蓄电池维修开关。

19）安装低压蓄电池负极连接线，打开点火开关，检查车辆上电情况，如图 3-44 所示。

图 3-44　检查车辆上电情况

20）连接诊断仪，读取车辆有无故障码；连接充电枪，检查车辆充电情况是否正常，如图 3-45 所示。

21）再次举升车辆，检查动力蓄电池冷却液管接口有无泄漏。

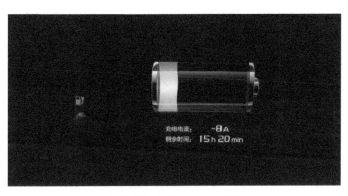

图 3-45　检查车辆充电情况

二、北汽新能源汽车动力蓄电池总成更换

北汽新能源汽车 EV160 动力蓄电池由 10 个模组、100 节单体磷酸铁锂电池组成，单体电压为 3.2V、电量为 80A·h，电池组总电压为 DC 320V。动力蓄电池总成的更换流程如下：

1）将车辆平稳停放在维修工位，铺设车辆防护用品。

2）在车辆维修工位拉设安全警示隔离带，如图 3-46 所示。

3）检查举升机、动力蓄电池举升车等相关工具设备是否良好。

4）检查并穿戴个人安全防护用品，如图 3-47 所示。

图 3-46　拉设安全警示隔离带

图 3-47　个人安全防护用品

5）连接故障诊断仪，读取车辆故障信息，如图 3-48 所示。

图 3-48 读取车辆故障信息

6）关闭点火开并妥善保管车钥匙；断开低压蓄电池负极，并进行绝缘防护，然后摆放写有"高压危险 请勿靠近"的安全警示牌，如图 3-49 所示。

7）举升车辆，检查动力蓄电池外观、高低压线束是否完好。

8）首先拆卸动力蓄电池低压线束插接件，然后拆卸动力蓄电池高压线束插接件，如图 3-50 所示。

9）用万用表测量动力蓄电池高压端有无电压（图 3-51），如果所测数值大于 0V，应使用专用放电工装对该部件进行放电，当电压完全消失后，方可进行下一步操作。

图 3-49 摆放安全警示牌

图 3-50 拆卸动力蓄电池连接线束

图 3-51 测量动力蓄电池高压端有无电压

10）用放电工装释放高压负载端的剩余电荷，如图 3-52 所示。

11）用安全锁具密封高压线束插接器端子，如图 3-53 所示。

图 3-52　用放电工装释放高压负载端的剩余电荷

图 3-53　用安全锁具密封高压线束插接器端子

12）把动力蓄电池举升车推入车辆底部，调整至合适位置和高度后，锁止举升车脚轮，然后拆卸动力蓄电池固定螺栓。

13）缓慢降下动力蓄电池举升车，解锁举升车脚轮，然后将动力蓄电池推出维修工位，如图 3-54 所示。

14）安装动力蓄电池时，按照与拆卸时相反的顺序进行。首先将动力蓄电池推入车辆底部，并调整位置。

15）缓慢升起动力蓄电池举升车，同时注意观察动力蓄电池定位销是否对齐，将举升车平台升至与车辆底部刚刚接触的位置。

图 3-54　缓慢降下动力蓄电池举升车

16）调整动力蓄电池的安装螺孔位置，然后安装固定螺栓，按照从中间到两边的顺序依次紧固动力蓄电池固定螺栓，紧固力矩为 95～105N·m，如图 3-55 所示。

17）缓慢落下动力蓄电池举升车，然后将其推出维修工位；移除高压部件插接器端子上的安全锁具，安装动力蓄电池连接线束，如图 3-56 所示。

18）平稳落下举升机上的车辆，安装低压蓄电池负极连接线。

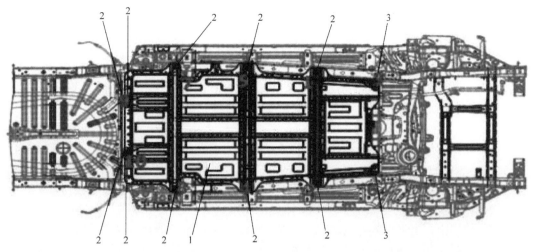

图 3-55　动力蓄电池固定螺栓拧紧顺序

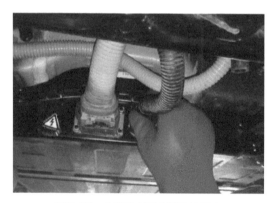

图 3-56 安装动力蓄电池连接线束

19）打开点火开关，观察仪表上的"READY"灯是否点亮。

20）关闭点火开关，连接充电设备，检查车辆充电是否正常，如图 3-57 所示。

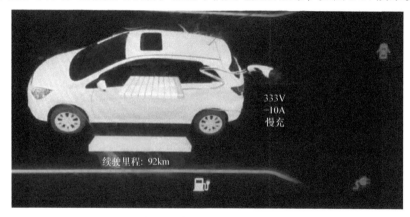

图 3-57 检查车辆充电是否正常

第四节 新能源汽车动力蓄电池均衡维护

一、电池均衡基本概念

新能源汽车动力蓄电池系统由多个单体电池串联或并联组成，以满足所需电压和功率要求。在实际使用中，由于单体电池之间的差异，电池组的容量只能达到最弱的电池容量。在串联电池组中，虽然通过单体电池的电流相同，但由于其容量不同，电池的放电深度也会不同，容量大的总会欠充电和欠放电，而容量小的总会过充电和过放电，这就造成容量大的电池衰减缓慢、寿命长，容量小的电池衰减加快、寿命缩短，两者之间的差异会越来越大，最终小容量电池的失效会导致电池组的提前失效。

动力蓄电池均衡维护的基本目的是"削峰填谷"，使各个电池单体的电压具有较好的一致性，提高车辆的续驶里程和电池组的使用寿命。电池组维护仪的主要功能是通过采集并判断电池单体的电压参数，采用"串充补齐"的方式，对电池组进行相关的维护保养，把电池组内的单体电池维护到其出厂时的水平，使其处于最佳工作状态，从而消除电池组中的一致性差异。动力蓄电池均衡效果如图 3-58 所示。

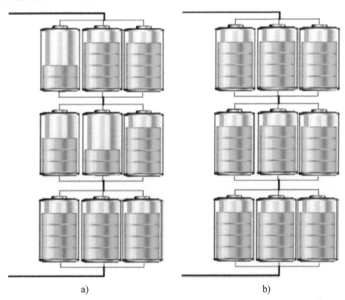

a)　　　　　　　　　　　　　b)

图 3-58　动力蓄电池均衡效果

动力蓄电池在生产制造和使用过程中的差异性，造成了电池单体天然就存在着不一致性。不一致性主要表现在单体容量、内阻、自放电率、充放电效率等方面。单体的不一致，传递至动力蓄电池包，必然会导致动力蓄电池包容量的损失，进而造成其寿命下降。随着时间的推移，电池单体的不一致性在温度以及振动条件等随机因素的影响下将进一步恶化。虽然该趋势无法逆转，但可以通过相关手段进行干预，降低恶化速率，通过均衡维护对单体电芯实施均衡就是一种有效的方法。

二、动力蓄电池均衡维护

1. 动力蓄电池维护仪的功能

以杭州固恒触屏式维护仪为例，其功能见表 3-5。

2. 维护仪工作状态

（1）充电准备阶段　设备在此阶段首先进行内部自检，完成后再检测外部电池状态。若设备无故障，则进入充电阶段，否则进入故障阶段。

表 3-5　维护仪功能介绍

序号	项目	保护启动条件	保护措施
1	输出过电流保护	—	该单元停止输出，需重新上电恢复
2	输出断路保护	—	该单元停止输出，故障消除后自动恢复
3	连接线掉线保护	—	
4	电池错接保护	—	
5	电池欠电压保护	可设	
6	电池过电压保护	可设	
7	电池接反保护	任一电池接反	
8	整机欠温保护	≤ -20℃	设备停止输出，故障消除后自动恢复
9	整机过温保护	≥ 85℃	

（2）充电阶段　设备进入充电阶段，控制内部充电模块开启，对电池进行恒流充电。同时判断每节电池是否充电完成，充电完成后停止对此节电池充电，直到所有电池完成充电后，系统进入充电完成阶段。

（3）充电完成阶段　设备停止所有电池充电，指示充电已经完成。

（4）充电故障阶段　系统在其他阶段发生设备和电池故障时，进入故障阶段。当系统从故障恢复后，进入初始检测阶段重新开始充电。

（5）充电停止阶段　在显示控制器上单击"停止"按钮，设备停止输出；再单击"开启"按钮时，累计充入电量从零开始记录。

（6）充电暂停阶段　在显示控制器上单击"暂停"按钮，设备停止输出；再单击"开启"按钮时，累计充入电量从暂停前的值开始记录。

动力蓄电池维护仪工作状态设置界面如图 3-59 所示。

图 3-59　动力蓄电池维护仪工作状态设置界面

3. 动力蓄电池均衡操作

1）断开需要进行维护的动力蓄电池模组线束，通过均衡线束连接维护仪与动力蓄电池模组，如图 3-60 所示。

a)

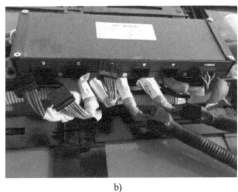
b)

图 3-60 连接动力蓄电池维护仪

2）连接维护仪电源线，然后打开电源总开关和相应的充电单元开关，如图 3-61 所示。

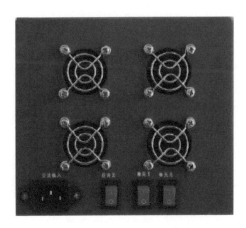

图 3-61 开启维护仪控制开关

3）电池维护仪上电开机并完成初始化后，显示操作主界面，如图 3-62 所示。

基本信息	单元二	独享	单元一
通信状态	通讯正常		通讯正常
工作状态	停止充电		停止充电
电池类型	磷酸铁锂		磷酸铁锂
电压 / 电流	8.888 / 5A		8.888 / 5A
电池串数	88		88
电压极值	8.888 / 8.888		8.888 / 8.888
设备操作	开启 暂停 停止		开启 暂停 停止
设备报警信息	设备详细信息	设备参数设置	设备版本信息

图 3-62 电池维护仪操作主界面

4）单击"设备参数设置"，进入设备参数设置界面，如图 3-63 所示。可设置的充电参数有截止电压、过电压保护和欠电压保护，见表 3-6。

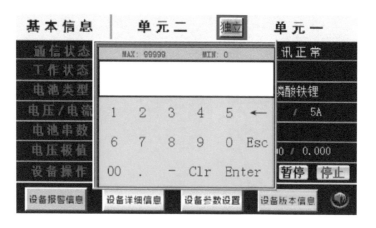

图 3-63　设备参数设置界面

表 3-6　充电参数设置　　　　　　　　　　　　　　　　　　　　　　　　（单位：V）

序号	参数名称	说明	铁锂默认值	三元锂默认值	钛酸锂默认值
1	截止电压	电池充电完成时达到的电压	3.600	4.125	2.700
2	过电压保护	电池电压超过此值，充电将停止	3.700	4.200	2.800
3	欠电压保护	电池电压低于此值，充电将停止	2.000	2.500	1.800

5）单击"参数设置"，可进行电压与电流的参数设置，如图 3-64 所示。

图 3-64　电池参数设置

第五节　新能源汽车动力蓄电池系统故障维修

一、动力蓄电池单体故障分析

本节以新能源汽车上最常用的锂离子电池为例，进行动力蓄电池单体故障分析。锂离子电池主要由正极材料、负极材料、电解液、隔膜以及外壳五个部分组成。单体电池是动力蓄电池组的最小组成元件，其性能的好坏决定了整个动力蓄电池系统能否正常工作。动力蓄电池单体常见故障分析见表 3-7。

表 3-7　动力蓄电池单体常见故障分析

故障部位	失效模式	失效机理	故障现象	故障诱因
正极活性物质	SEI 变厚	化学腐蚀和还原沉积	电荷转移，阻抗增加，电池容量和功率降低	锂离子、正极材料活性物质、电解液之间发生了化学副反应
	活性物质颗粒碎裂	机械应力	电池容量和功率降低	锂离子脱嵌应力过大
	电极孔隙率降低	物性衰减	锂离子扩散阻抗增加，电池容量和功率降低	电极内部空间变化
	产气、电池鼓包	化学热分解	电池容量降低	电池过充电或内部短路
负极活性物质	SEI 变厚	化学腐蚀和还原沉积	电荷转移阻抗增加，电池容量和功率降低	锂离子、负极材料活性物质、电解液之间发生了化学副反应
	活性物质颗粒碎裂	机械应力	电池容量和功率降低	锂离子脱嵌应力过大
	电极孔隙率降低	物性衰减	锂离子扩散阻抗增加，电池容量和功率降低	电极内部空间变化
	负极表面生成锂枝晶	化学还原沉积	枝晶穿透隔膜会造成电池内部短路	低温充电或大电流充电
隔膜	隔膜穿孔	机械损伤	持续生热、可能引起热失控、电池鼓包、电压快速降低	产生内部枝晶，电池受到外部压力或刺穿等
	隔膜微孔闭合	热熔化	充放电不稳定	电池内部温度过高
电解液盐浓度	电解液浓度降低	化学腐蚀和还原沉积	电池内阻增加，可能会导致热失控	锂离子、活性物质、电解液之间发生了化学副反应
壳体	电池正负极间短路	机械应力	持续生热，可能引起热失控、电池鼓包、电压快速降低	外部负载或应力作用于电池壳体

注：在液态锂离子电池首次充放电过程中，电极材料与电解液在固液相界面上发生反应，形成一层覆盖于电极材料表面的钝化层。这种钝化层是一种界面层，具有固体电解质的特征，称为固体电解质界面膜（SEI）。

二、动力蓄电池管理系统故障分析

1. 车辆上电后主继电器不吸合

（1）可能原因　高压负载检测线未接、预充继电器开路、预充电阻开路等。

（2）故障排除　通过故障诊断仪的数据流功能查看高压系统数据，观察动力蓄电池电压、负载母线电压是否正常；查看预充过程中负载母线电压是否上升。

2. BMS 不能与 VBU 通信

（1）可能原因　动力蓄电池系统主控模块（BMU）未工作、CAN 信号线断路等。

（2）故障排除　检查 BMU 的供电电压是否正常；检查 CAN 信号线是否退针或插头未插；测量 CAN 信号线波形是否正常。

3. 车辆供电后整个系统不工作

（1）可能原因　车辆供电异常、唤醒信号异常、供电线束短路或断路、DC/DC 变换器无工作电压输出等。

（2）故障排除　检查外部电源供电是否正常；检查动力蓄电池管理系统的线束是否短路或断路；检查 DC/DC 变换器是否有电压输出。

4. 动力蓄电池电流数据错误

（1）可能原因　电流传感器信号线插头松动、传感器损坏或数据采集模块损坏等。

（2）故障排除　重新拔插电流传感器信号线；检查传感器电源是否正常、信号输出是否正常；更换数据采集模块。

5. 动力蓄电池温差过大

（1）可能原因　散热风扇插头松动、散热风扇故障、冷却液失效、冷区系统未启动、温度传感器失效等。

（2）故障排除　重新拔插风扇插头线；检查散热风扇是否正常；更换冷却液；检查冷却系统；更换温度传感器。

6. 主继电器动作后系统报错

（1）可能原因　继电器触点检测线断路、继电器触点粘连或烧蚀等。

（2）故障排除　重新拔插继电器线束；用万用表测量触点通断状态是否正常；更换继电器。

7. 仪表无 BMS 数据显示

（1）可能原因　BMS 主控模块线束连接异常、CAN 信号线断路等。

（2）故障排除　检查主控模块线束是否连接良好；检查低压供电是否正常；检查 CAN 信号线连接是否正常。

8. SOC 异常

（1）可能原因　BMS 电路连接异常；动力蓄电池长期未深度充放电；数据采集模块信号跳

变等。

（2）故障排除　检查 BMS 电路连接情况；进行动力蓄电池均衡维护；进行 SOC 数据标定。

三、北汽新能源汽车动力蓄电池系统故障维修

1. 动力蓄电池线束连接器

以北汽 EU400 车型为例，动力蓄电池低压线束连接器如图 3-65 所示，端子定义见表 3-8。

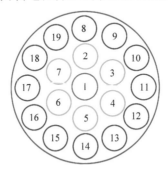

图 3-65　动力蓄电池低压线束连接器

表 3-8　动力蓄电池低压线束端子定义

端子序号	端子定义	连接位置
1	12V+ 常电	FB14 熔断器
2	接地	车身搭铁
3	12V+ 常电	FB13 熔断器
4	接地	车身搭铁
5	总负继电器控制	VCU97 引脚
6	BMS 唤醒	VCU81 引脚
7	空	—
8	空	—
9	空	—
10	新能源 CAN-H	VCU111 引脚
11	新能源 CAN-L	VCU104 引脚
12	内部 CAN-H	OBD 接口
13	内部 CAN-L	OBD 接口
14	快充 CAN-H	快充接口
15	快充 CAN-L	快充接口
16	快充 CAN- 屏蔽	接地
17	空	—
18	空	—
19	新能源 CAN- 屏蔽	接地

2. BMS 控制电路（图 3-66）

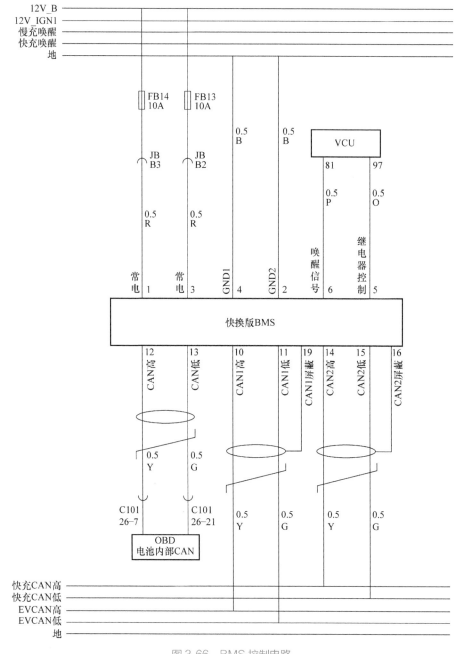

图 3-66　BMS 控制电路

3. 动力蓄电池系统故障分析与排除

（1）电池单体过电压

1）故障码：P118822。

2）BMS 故障处理方式：故障上报至新能源 CAN 总线系统；行车模式下，最大允许充电功率调整为 0 ；车载充电模式下，动力蓄电池充电请求为待机，5s 后断开高压继电器；地面充电模式下，5s 后断开高压继电器。

3）VCU 故障处理方式：行车模式下，停止能量回收，仪表点亮限制能量回收灯；慢充模式下，立即高压下电。

4）故障原因：车载充电机失效、驱动电机系统失效。

5）维修建议：如果重新上电后恢复正常，则无须维修；检查车载充电机；检查制动能量回收控制数据。

（2）电池外部短路

1）故障码：P118111。

2）BMS 故障处理方式：故障上报至新能源 CAN 总线系统。

3）VCU 故障处理方式：校验驱动电机、车载充电机母线电流和 V3，若确认断路，则立即高压下电；仪表点亮动力蓄电池故障指示灯。

4）故障原因：高压回路异常、高压负载异常。

5）维修建议：检查高压回路；检查高压负载；检查动力蓄电池。

（3）电池内部短路

1）故障码：P118312。

2）BMS 故障处理方式：故障上报至新能源 CAN 总线系统；车载充电模式下，动力蓄电池充电请求为待机，5s 后断开高压继电器；地面充电模式下，5s 后断开高压继电器。

3）VCU 故障处理方式：仪表点亮动力蓄电池故障指示灯；一级报警音，提示驾驶人尽快离开车辆；立即高压下电，如果未上电，则禁止上高压电。

4）故障原因：电池内部焊接异常、电池异常。

5）维修建议：由专业人员检查电芯、电池系统装配情况。

（4）电池温度过高

1）故障码：P0A7E22。

2）BMS 故障处理方式：故障上报至新能源 CAN 总线系统；最大允许充放电功率调整为 0 ；若整车在 2s 内没有高压下电，BMS 将主动断开高压继电器；车载充电模式下，动力蓄电池充电请求为待机，5s 后断开高压继电器；地面充电模式下，5s 后断开高压继电器。

3）VCU 故障处理方式：仪表点亮动力蓄电池故障指示灯；一级报警音，提示驾驶人尽快离开车辆；立即高压下电，如果未上电，则禁止上高压电。

4）故障原因：电池热管理系统异常、电芯异常、电池装配节点异常。

5）维修建议：立即停止充电或行车，等温度自然降低后重新上电，若恢复正常，则无须再进行检修；若不能恢复正常，则需检查电池热管理系统、电芯和电池温度采集数据。

（5）绝缘电阻过低

1）故障码：P0AA61A。

2）BMS 故障处理方式：故障上报至新能源 CAN 总线系统；车载充电模式下，动力蓄电池充电请求为待机，5s 后断开高压继电器；地面充电模式下，5s 后断开高压继电器。

3）VCU 故障处理方式：故障上报至新能源 CAN 总线系统；仪表立即点亮故障指示灯；行车模式下，车速大于 1km/h 时暂不处理，否则执行高压下电或禁止高压上电。

4）故障原因：高压部件内部短路、高压回路对车身绝缘阻值下降。

5）维修建议：检查高压部件和高压回路的绝缘情况；更换绝缘不合格的高压部件。

（6）充电电流异常

1）故障码：P1186741。

2）BMS 故障处理方式：故障上报至新能源 CAN 总线系统；车载充电模式下，进行充电机重启，若重启 5 次仍然出现该故障，则动力蓄电池充电请求为待机。

3）VCU 故障处理方式：仪表点亮动力蓄电池故障灯。

4）故障原因：车载充电机故障、充电回路故障。

5）维修建议：检查充电回路；更换 PEU。

四、吉利新能源汽车动力蓄电池系统故障维修

1. 动力蓄电池线束插接件

以吉利 EV300 车型为例，动力蓄电池低压线束连接器如图 3-67 所示，端子定义见表 3-9。

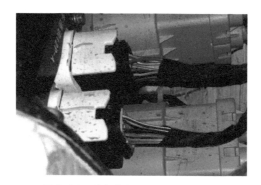

图 3-67　动力蓄电池低压线束连接器

表 3-9　吉利 EV300 动力蓄电池低压线束连接器端子定义

低压线束连接器 A 端定义		低压线束连接器 B 端定义	
端子号	端子定义	端子号	端子定义
1	常电 12V	1	快充 CAN-H
2	电源地 GND	2	快充 CAN-L
3	整车 CAN-H	3	快充 CC2
4	整车 CAN-L	4	快充唤醒
5	—	5	快充唤醒 GND
6	碰撞信号	6	—
7	IG2	7	—
8	—	8	—
9	慢充插座正极柱温度 +	9	—
10	慢充插座正极柱温度 −	10	—
11	诊断接口 CAN-H	11	快充插座正极柱温度 +
12	诊断接口 CAN-L	12	快充插座正极柱温度 −

2. BMS 控制电路（图 3-68）

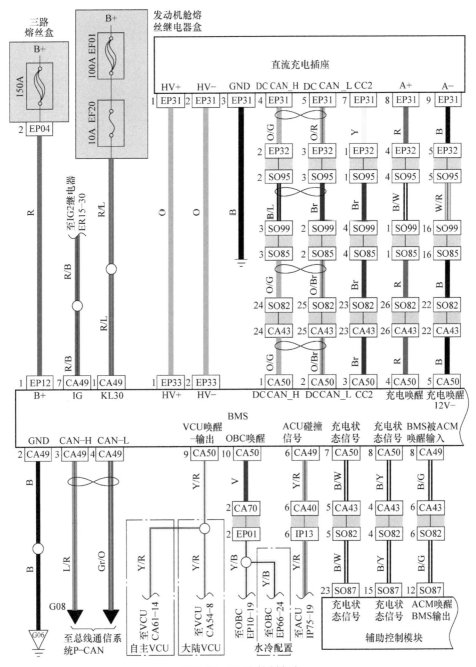

图 3-68 BMS 控制电路

3. 动力蓄电池系统故障分析与排除

（1）BMS 通信故障

1）利用诊断仪读取故障码 UOAC47D、UOAC486 等。

2）检查 BMS 的通信电路，如图 3-69 所示。

3）关闭点火开关，断开 BMS 线束连接器 CA49，用万用表测量 BMS 线束连接器 CA49 端子 3 与诊断接口端子 3 之间的阻值，应小于 1Ω；测量 CA49 端子 4 与诊断接口端子 11 之间的阻值，应小于 1Ω，如图 3-70 所示。

4）若通信电路正常，则需要更换 BMS。

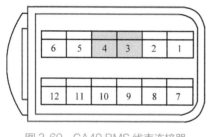

图 3-69 CA49 BMS 线束连接器

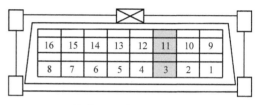

图 3-70 诊断接口端子

（2）充电接口温度传感器故障

1）利用诊断仪读取故障码 P15041C/P150517，充电传感器控制电路如图 3-71 所示。

2）检查 BMS 与充电传感器之间的电路。关闭点火开关，断开 BMS 线束连接器 CA49、CA50，断开充电传感器线束连接器 SO98。

3）用万用表测量 BMS 线束连接器 CA49 端子 9、10 和充电传感器线束连接器 SO98 端子 6、7 之间的阻值，应小于 1Ω；测量 BMS 线束连接器 CA50 端子 11、12 和充电传感器线束连接器 SO98 端子 2、3 之间的阻值，应小于 1Ω，如图 3-72 所示。

4）更换充电传感器。

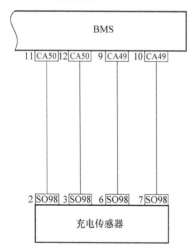

图 3-71 充电传感器控制电路

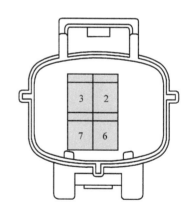

图 3-72 SO98 充电传感器线束连接器

（3）BMS 供电故障

1）利用诊断仪读取故障码 P21F024/P21F025。

2）关闭点火开关，测量蓄电池正负极电压，应为 11～14V；检查 EF20 熔丝是否熔断。

3）断开 BMS 线束连接器 CA49，用万用表测量 BMS 线束连接器 CA49 端子 1 与车身接地之间的电压，应为 11～14V；测量 BMS 线束连接器 CA49 端子 7 与车身接地之间的电压，应为 11～14V，如图 3-73 所示。

4）更换 BMS。

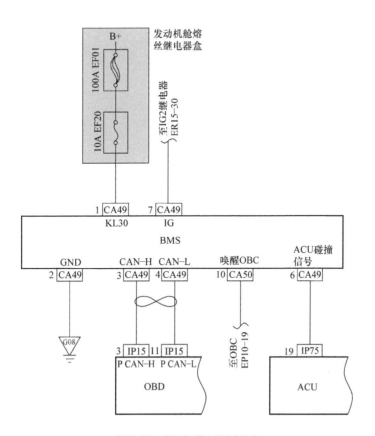

图 3-73　BMS 供电控制电路

（4）动力蓄电池绝缘阻值检测

1）利用诊断仪读取故障码 P21F02A。

2）关闭点火开关，断开蓄电池低压负极电缆，拆卸维修开关。

3）断开动力蓄电池高压线束连接器，如图 3-74 所示。等待 5min，然后戴上绝缘手套，用万用表测量 EP41 端子 1 与 2 之间的电压，应不大于 5V。

4）利用数字式兆欧表测量动力蓄电池总成以及高压电缆与车身接地之间的绝缘阻值，应不小于 20MΩ。

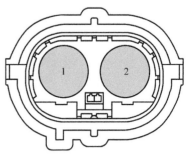

图 3-74　动力蓄电池高压线束连接器

五、奇瑞新能源汽车动力蓄电池系统故障维修

1. 动力蓄电池线束插接件

动力蓄电池低压线束连接器如图 3-75 所示。以奇瑞新能源汽车 eQ1 车型为例，其低压线束连接器端子定义见表 3-10。

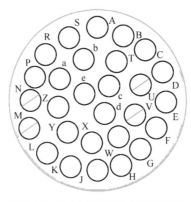

图 3-75　动力蓄电池低压线束连接器

表 3-10　动力蓄电池低压线束连接器端子定义

端子编号	端子定义
A	交流充电桩充电导引电路 CC 信号
B	交流充电桩充电导引电路 CP 信号
C	直流充电桩充电导引电路 CC 信号
D	高压回路继电器闭合使能信号
E	BMS 供电 12V 电源
F	快充设备点火信号
G	BMS 电源地
H	BMS 电源地
J	BMS 供电 12V 电源
K	整车 CAN 高
L	整车 CAN 低
M	—
N	—
P	快充电 CAN 网络高
R	快充电 CAN 网络低
S	热敏电阻 1（新国标预留接快充温度传感器）
T	热敏电阻 1 地（新国标预留接快充温度传感器）
U	内网 CAN 高
V	内网 CAN 低
W	整车点火信号
X	充电机点火信号
Y	风扇 PWM 控制
Z	热敏电阻 2（新国标预留接快充温度传感器）
a	充电指示灯驱动信号 1（红）
b	充电指示灯驱动信号 2（绿）
c	风扇反馈信号
d	风扇继电器低边控制信号
e	热敏电阻 2 地（新国标预留接快充温度传感器）

2. BMS 控制电路（图 3-76、图 3-77）

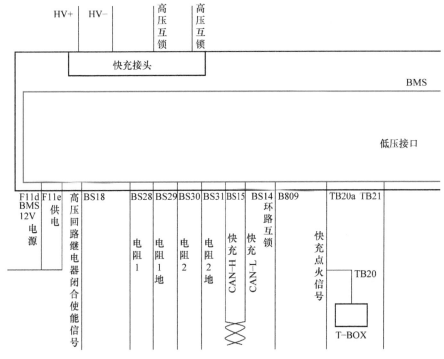

图 3-76　BMS 控制电路 1

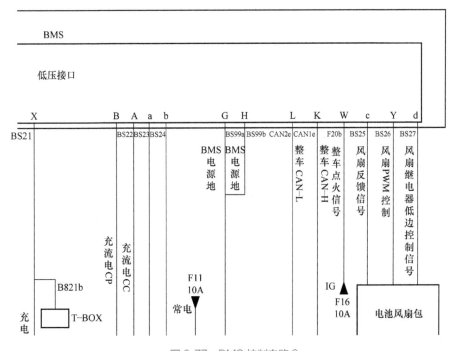

图 3-77　BMS 控制电路 2

3. 动力蓄电池系统故障分析与排除（见表 3-11）

表 3-11　动力蓄电池系统故障分析与排除

序号	故障码	故障名称	故障现象	可能原因
1	P1B87	整车放电环路互锁异常	1）整车不能 READY 2）行车过程中断电	1）放电相关高压插件松动或拔出 2）VCU 故障 3）手动维修开关（MSD）故障 4）电池包内部故障 5）整车线束故障
2	P0A81	电池包风扇异常	电池维护灯点亮	1）风扇内部故障 2）风扇继电器故障 3）整车线束故障 4）电池包内部故障
3	P0A8E	BMS 供电电源高	充电时风扇不转	1）车载低压电池电压低 2）整车线束故障 3）电池包内部故障
4	P0A95	高压熔丝故障	1）高压放电熔丝：不能行车，仪表上电压小于 10V 2）慢充熔丝：不能充电	充放电电流过大
5	P1B8A	非充电状态电池单体低温故障	1）车辆不能 READY 2）车辆不能充电	外部环境温度过低
6	P0AA1	正极继电器粘连故障	车辆不能 READY	大电流使继电器粘连
7	P1B8F	电池包总压严重过低故障	1）车辆不能 READY 2）行车时高压电路断开	1）过放电 2）电池包内部故障
8	P0ABF	电流采样异常	限制充放电功率	1）电流传感器内部故障 2）电流采样回路故障
9	P0A7D	SOC 过低故障	1）车辆不能 READY 2）仪表上电量显示只剩一格	动力蓄电池电量低
10	P1B02	电池单体电压采集线断线	1）车辆不能 READY 2）行车时高压电路断开 3）不能充电	单体电压采样线断线
11	P1B07	放电回路严重漏电	1）车辆不能 READY 2）行车时高压电路断开	电池包或其他高压部件绝缘异常
12	P1B24	电池包加热元件继电器控制线开路	不能慢充	继电器控制线圈断路

第四章

新能源汽车驱动电机及其控制系统原理与维修

第一节　电机基础知识

一、电磁理论

1. 电生磁

电生磁是指对一条直的金属导线通以电流，在导线周围的空间中将产生圆形磁场。导线中流过的电流越大，产生的磁场就越强。如果将金属导线缠绕成螺线管，那么，这个螺线管通电后所产生磁场的能量会大大增强。如果在螺线管中间放置纯铁（称为磁轭），就可以聚集磁力线，增强螺线管中的磁场能量。

磁场的方向可以根据右手螺旋定则（又称安培定则）来确定。用右手握住直导线，让大拇指的方向指向电流的方向，那么，四指弯曲的方向就是磁场方向；用右手握螺线管，让四指弯向螺线管中的电流方向，大拇指所指的那端就是螺线管的 N 极，如图 4-1 所示。

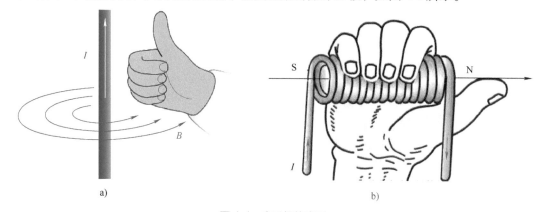

图 4-1　右手螺旋定则

电磁铁是指导线中有电流通过时有磁性、无电流通过时没有磁性的磁体。日常生活中常用的电动机、继电器、扬声器等产品就是利用电生磁的原理制成的。

在物理学发展史上，电与磁是分别被发现和研究的。后来，人们发现了电与磁之间的联系，如奥斯特发现的电流磁效应和安培发现的电流与电流之间相互作用的规律。再后来，法拉第提出了电磁感应定律，这样电与磁就紧密联系成一体了。到 19 世纪中叶，麦克斯韦提出了统一的电磁场理论。

2. 磁生电

磁生电是由英国科学家法拉第发现的。其原理是把导体的两端接在电流表的两个接线柱上，组成闭合电路，当导体在磁场中向左或向右运动切割磁力线时，电流表的指针就会发生偏转，表明电路中产生了电流，这种电流叫感应电流。穿过某一面积的磁力线条数，称为穿过这个面积的磁通量。当导体向左或向右做切割磁力线的运动时，闭合电路所包围的面积发生变化，因而穿过这个面积的磁通量也发生了变化，只要穿过闭合电路的磁通量发生变化，闭合电路中就会产生感应电流，这就是感应电流产生的条件。发电机便是根据该原理制成的。

当导体向左或向右变换运动方向时，电流表指针的偏转方向也将发生改变，这表明感应电流的方向与导体的运动方向有关。如果保持导体运动方向不变，而把两个磁极对调过来，即改变磁力线的方向，则感应电流的方向也随之改变。由此得知，感应电流的方向与导体的运动方向和磁力线方向都有关系。感应电流的方向可以用右手定则来判定：伸开右手，使大拇指与其余四个手指垂直，并且都和手掌在一个平面内，把右手放入磁场中，让磁力线垂直穿入手心，大拇指指向导体运动的方向，那么，其余四个手指所指的方向就是感应电流的方向，如图 4-2 所示。

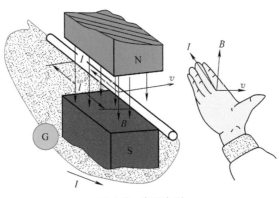

图 4-2　右手定则

在电磁学中，右手定则主要用于判断感应电流方向，即与力无关的方向。如果是和力有关的情况，则需采用左手定则。即关于力的用左手定则，其他用右手定则。左手定则是用来判断当通电导线处于磁场中时，所受安培力 F 或运动的方向、磁感应强度 B 的方向以及通电导体中电流 I 的方向三者之间关系的定律。左手定则是由英国电机工程师弗莱明提出的。

将左手的食指、中指和大拇指伸直，使其在空间内相互垂直。食指方向代表磁场的方向（从 N 极到 S 极），中指代表电流的方向（从正极到负极），那么，大拇指所指的方向就是受力方向，如图 4-3 所示。判断导线在磁场中的受力方向时，也可使用左手定则：伸开左手，使大拇指与其他四指垂直且在一个平面内，让磁力线从手心流入，四指指向电流方向，大拇指的指向就是安培力方向（即导体受力方向）。

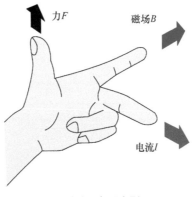

图 4-3　左手定则

二、电机分类

1. 按工作电源划分

根据工作电源的不同，电机可分为直流电机和交流电机，如图 4-4 所示。

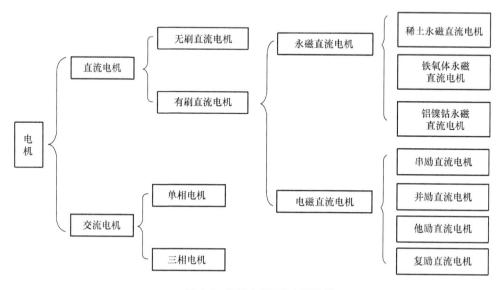

图 4-4　根据电机工作电源分类

2. 按结构和工作原理划分

根据结构和工作原理不同，电机可分为直流电机、异步电机和同步电机，如图 4-5 所示。

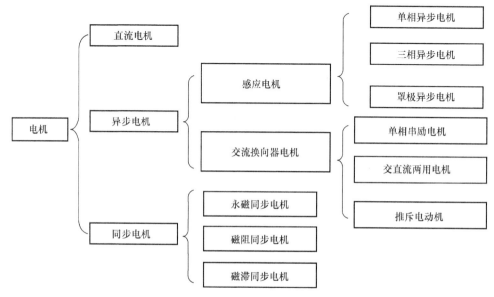

图 4-5　根据电机结构和工作原理分类

3. 按运转速度划分

根据运转速度不同，电机可分为低速电机、高速电机、恒速电机和调速电机，如图4-6所示。

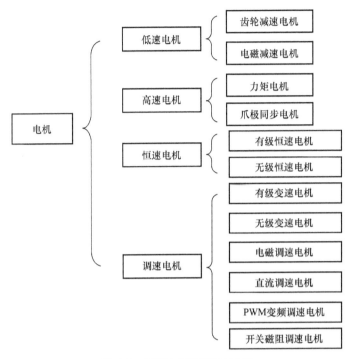

图 4-6 根据电机运转速度分类

4. 车用电机技术要求

目前，新能源汽车上常用的电机主要有直流电机、永磁同步电机、交流感应电机和开关磁阻电机。新能源汽车对驱动电机主要有以下几点要求：

1）安全性高。电机及其控制系统的安全性必须都符合我国或国际有关车辆电气控制的安全性能标准和规定，必须设有高压保护装置。

2）起动转矩和调速范围大。使电动汽车具有较好的起动性能和加速性能，从而获得起动、加速、行驶、减速、制动等工况所需的功率与转矩。

3）效率高、损耗低，还应具有在车辆减速时实现再生能量回收的功能。

4）质量小。电机应尽量采用铝合金外壳，以降低其质量。

5）电压高。在允许的范围内尽可能采用高电压，这样可以减小电机和导线等部件的尺寸。

6）可靠性高、运行噪声小、耐高温和耐潮湿，能够在较恶劣的环境下长期工作。

7）成本低、使用寿命长、结构简单、便于维护。

三、直流电机

直流电机是指可以把直流电能转换成机械能（直流电动机）或将机械能转换成直流电能（直流发电机）的旋转电机。它是一种能够实现直流电能和机械能相互转换的电机。

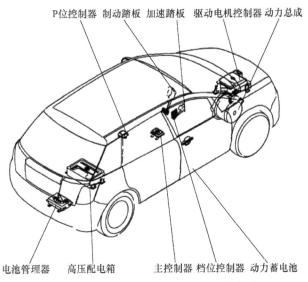

P位控制器　制动踏板　加速踏板　驱动电机控制器　动力总成

电池管理器　高压配电箱　　主控制器　档位控制器　动力蓄电池

图 4-26　新能源汽车驱动电机控制系统组成

不同品牌新能源汽车的电机控制器结构原理大同小异，其外观形状和安装位置则有所差异。长城 WEY P8 电机控制器如图 4-28 所示。

图 4-27　北汽 EV160 电机控制器

图 4-28　长城 WEY P8 电机控制器

2. 电机控制器的结构

电机控制器以绝缘栅双极型晶体管（IGBT）模块为核心，主要由控制板、冷却管路、UVW 高压插件、直流高压插件、IGBT 模块及驱动板组成，如图 4-29 所示。

电机控制器内部设有故障诊断电路，当诊断出系统异常时会激活一个错误代码，发送给整车控制器，同时也会存储该故障码和相关数据。

1. 电机结构

直流电机主要由磁极、电枢绕组、电枢和换向器等部件组成。

（1）磁极　直流电机使用一对静止的磁极，功率较小的电机采用永久磁铁做磁极；功率较大的电机，其磁场是由直流电流通过绕在磁极铁心上的绕组产生的。用来形成 N 极和 S 极的绕组称为励磁绕组，励磁绕组中的电流称为励磁电流。

（2）电枢绕组　在 N 极和 S 极之间有一个能绕轴旋转的圆柱形铁心，其上面缠绕的线圈称为电枢绕组，电枢绕组中的电流称为电枢电流。

（3）电枢　由铁心、电枢绕组和换向器所组成的旋转部分称为电枢。

（4）换向器　电枢绕组的两端分别接在两个相互绝缘且和绕组同轴旋转的半圆形铜质换向片上，组成一个换向器，换向器上压着固定不动的正、负极电刷。

2. 工作原理

（1）电磁转矩的产生　电枢绕组通过电刷接到直流电源上，绕组的旋转轴与机械负载相连。电流从电刷 A 流入电枢绕组，从电刷 B 流出。电枢电流与磁场相互作用产生电磁力，其方向可用左手定则判断。这对电磁力所形成的电磁转矩，使电机电枢 ab 沿着逆时针方向旋转，如图 4-7a 所示。

（2）换向原理　当电枢 ab 边转到了 S 极位置，cd 边转到了 N 极下面时，电枢线圈的电磁转矩方向发生了改变。但由于换向器随着电枢同步旋转，使得电刷 A 总是接触 N 极下的导线，而电刷 B 总是接触 S 极下的导线，因此，电流的流动方向随之发生改变，从而使电磁转矩方向保持不变，如图 4-7b 所示。

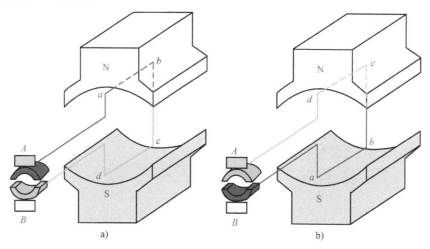

图 4-7　直流电机工作原理

3. 应用特点

（1）优点　直流电机的起动加速转矩大、电磁转矩控制特性好、调速方便、控制装置简单、技术成熟、成本较低。

（2）缺点　直流电机由于有机械换向器，当在高速、大负荷下运行时，换向器表面常有火花出现，因此电机转速不宜太高。长时间使用时，需要经常维护、更换换向器和电刷，所以在新研制的新能源汽车上已基本不再采用直流电机。

四、永磁同步电机

永磁同步电机采用永磁体来产生气隙磁通量，永磁体代替了直流电机中的磁感应线圈和感应电机中定子的励磁体。同步电机属于交流电机，其定子绕组与异步电机的定子绕组相似。永磁同步电机转子的旋转速度与定子绕组所产生的旋转磁场的速度是一样的，所以称为永磁同步电机。

1. 电机结构

永磁同步电机主要是由转子磁铁、定子绕组、霍尔传感器及壳体等部件组成，如图 4-8 所示。永磁同步电机的最大结构特点是其定子结构与普通感应电机的定子非常相似，它与其他电机的主要区别在于转子结构不同，在转子上设有高质量的永磁体磁极。根据在转子上安放永磁体位置的不同，永磁同步电机通常分为内嵌式、面贴式和插入式三种。

图 4-8 永磁同步电机结构

2. 工作原理

永磁同步电机首先给定子绕组通入三相交流电，通入电流后就会在电机的定子绕组中形成旋转磁场。由于在转子上安装了永磁体并且磁极是固定的，根据同极相斥、异极相吸的原理，在定子绕组中产生的旋转磁场会带动转子旋转，从而产生驱动力，并最终达到转子的旋转速度与定子绕组中产生的旋转磁场速度相等。

3. 应用特点

永磁同步电机所需要的钕铁硼永磁材料是稀土资源，因此生产成本较高，并且温度大幅度变化时会引发退磁现象。但是，这种电机的功率密度高、调速范围大，适用于高速公路网受限、需要频繁起停的情况，目前广泛应用于新能源汽车上。例如，比亚迪 E6 的驱动电机即为永磁同步电机，如图 4-9 所示。

五、交流感应电机

交流感应电机又称异步电机，它是将转子置于旋转磁场

图 4-9 比亚迪 E6 驱动电机

中，在旋转磁场的作用下，获得一个转动力矩使转子转动。交流感应电机是由电气工程师尼古拉·特斯拉于 1887 年发明的。

1. 电机结构

交流感应电机主要由定子与绕组、笼型转子、转子轴、轴承、前后端盖和风扇等部件组成，如图 4-10 所示。

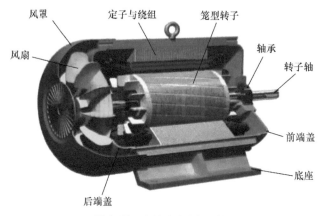

图 4-10　交流感应电机结构

（1）定子　定子有 A-X、B-Y、C-Z 三个绕组，各绕组按一定规律分别嵌放在定子槽内，如图 4-11 所示。定子是电机中固定不动的部分，其主要任务是产生一个旋转磁场。旋转磁场并不是用机械方法实现的，而是以交流电通过电磁绕组中，使其磁极性质循环改变，故相当于一个旋转的磁场。按照所用交流电的种类，交流感应电机分为单相电机和三相电机两种。

（2）转子　转子是可以转动的导体，主要由铁心和绕组组成。转子绕组由插在转子槽中的多根导条和两个环形端环组成，若去掉转子铁心，整个绕组的外形就像一个鼠笼，故称笼型绕组，如图 4-12 所示。

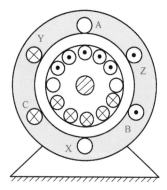

图 4-11　定子绕组

图 4-12　笼型绕组

2. 工作原理

交流感应电机首先通过定子产生旋转磁场，转子绕组切割磁力线，产生感应电动势，从而使转子绕组中产生感应电流。转子绕组中的感应电流与磁场相互作用，产生电磁转矩使转子旋转。

3. 应用特点

交流感应电机具有功率密度低、调速范围窄、生产成本低、可靠性好、无退磁现象等特点，适用于高速公路网比较发达的区域。应用代表车型为特斯拉，如图4-13所示。

图 4-13　特斯拉驱动电机

六、开关磁阻电机

根据转矩产生原理不同，电机可大致分为由电磁作用原理产生转矩和由磁阻变化原理产生转矩两类。在由电磁作用原理产生转矩的电机中，运动是由转子磁场和定子磁场相互作用产生的，类似于磁铁同极相斥、异极相吸的现象，目前广泛应用的直流电机和交流电机大多是根据这一原理制成的。

由磁阻变化原理产生转矩的电机，其运动是由转子、定子之间气隙磁阻的变化产生的。定子绕组在通电时产生一个单相磁场，遵循磁阻最小原则，即磁通总要沿着磁阻最小的路径闭合，因此，当转子轴线与定子轴线不重合时，磁阻力会作用在转子上并产生转矩，使其向磁阻最小的位置移动，类似于磁铁吸引导磁体的现象，利用该原理制成的电机就叫开关磁阻电机。

1. 电机结构

开关磁阻电机的定子和转子均为凸极结构，定子和转子的齿数不等，转子齿数一般比定子少2个。在定子齿上绕有线圈，两个位置相对的定子线圈相互串联形成一相绕组。转子由铁心叠片而成，其上面没有线圈，如图4-14所示。

2. 工作原理

开关磁阻电机是基于磁通总是沿着导磁最大的路径闭合这一原理制成的。当转子和定子的齿中心线不重合，导磁不是最大时，磁场就会产生磁拉力而形成磁阻

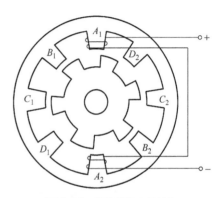

图 4-14　开关磁阻电机结构

转矩，使转子转到导磁最大的位置。电机控制器不断地向各相绕组依次通入电流，电机转子则一步一步地沿着与通电相序相反的方向转动。改变定子各相通电顺序时，电机的旋转方向也随之改变。

3. 应用特点

开关磁阻电机具有简单可靠、调速范围宽、效率高、控制灵活、成本低等优点。但是，它也具有转矩波动大、噪声较大、需要位置检测器等缺点，因此其应用范围受到一定的限制，目前主要应用于大型新能源客车上。

七、驱动电机的技术参数

1. 基速

电机基速是指电机的额定转速。当电机励磁绕组中通入额定励磁电压或励磁电流，且电机带的负载为额定值时，此时电机的转速即为基速。

2. 额定功率

额定功率是指电机在额定运行（额定电压、额定频率、额定负载）条件下，转轴上输出的机械功率。

3. 峰值功率

峰值功率就是当负载突然变化时，电机短时间内能产生的最大功率。

4. 额定转矩

额定转矩是指在额定条件下运行的电机，其轴端输出的转矩。

5. 峰值转矩

峰值转矩是指电机输出的最大转矩，因为在力矩曲线上为最高点，所以叫"峰值"。

6. 防护等级

电机防护等级采用国际电工委员会（IEC）推荐的 IP×× 等级标准，不同的安装场所对防护等级的要求是不一样的。将电气设备按防尘和防水的特性加以分级，即 IP 防护等级，表示方法为两个数字，第一个数字表示防止灰尘等外物侵入的等级，最高级别是 6；第二个数字表示防湿气、防水侵入的密闭程度，数字越大表示防护等级越高，最高级别是 8。详细说明见表 4-1 和表 4-2。新能源汽车高压部件的防护等级通常为 IP67。

表 4-1　IP 防尘等级

等级	防护范围	说　明
0	无防护	对外界的人或物无特殊的防护
1	防止直径大于 50mm 的固体外物侵入	防止人体（如手掌）因意外而接触到电器内部的零件，防止较大尺寸（直径大于 50mm）的外物侵入

（续）

等级	防护范围	说　明
2	防止直径大于 12.5mm 的固体外物侵入	防止人的手指接触到电器内部的零件，防止中等尺寸（直径大于 12.5mm）的外物侵入
3	防止直径大于 2.5mm 的固体外物侵入	防止直径或厚度大于 2.5mm 的工具、电线及类似的小型外物侵入而接触到电器内部的零件
4	防止直径大于 1.0mm 的固体外物侵入	防止直径或厚度大于 1.0mm 的工具、电线及类似的小型外物侵入而接触到电器内部的零件
5	防止外物及细微灰尘侵入	完全防止外物侵入，虽不能完全防止灰尘侵入，但灰尘的侵入量不会影响电器的正常运作
6	防止外物及任何灰尘侵入	完全防止外物及灰尘侵入

表 4-2　IP 防水等级

等级	防护范围	说　明
0	无防护	对水或湿气无特殊的防护
1	防止水滴浸入	垂直落下的水滴（如凝结水）不会对电器造成损坏
2	倾斜 15° 时，仍可防止水滴浸入	当电器由垂直倾斜至 15° 时，滴水不会对电器造成损坏
3	防止喷洒的水浸入	防雨或防止与竖直面的夹角小于 60° 的方向所喷洒的水侵入电器而造成损坏
4	防止飞溅的水浸入	防止各个方向飞溅而来的水侵入电器而造成损坏
5	防止喷射的水浸入	防持续至少 3min 的低压喷水
6	防止大浪浸入	防持续至少 3min 的大量喷水
7	防止浸水时水的浸入	在深达 1m 的水中防 30min 的浸泡影响
8	防止沉没时水的浸入	在深度超过 1m 的水中防持续浸泡影响。准确的条件由制造商针对各设备指定

第二节　新能源汽车驱动电机及其控制系统结构原理

　　驱动电机系统是新能源汽车的三大核心部件之一，是车辆行驶的执行机构，其特性决定了车辆的主要性能指标，直接影响车辆的动力性、经济性和用户驾乘感受。

　　根据 GB/T 19596—2017 的定义，驱动电机系统是指驱动电机、驱动电机控制器及其工作必需的辅助装置的组合。驱动电机是指为车辆行驶提供驱动力的电动机。驱动电机控制器是指控制动力电源与电机之间能量传输的装置，由控制信号接口电路、电机控制器电路和驱动电路组成。

一、驱动电机系统的基本结构

新能源汽车的驱动电机系统主要由驱动电机（DM）和电机控制器（MCU）组成，驱动电机系统通过高低压线束、冷却管路与整车其他系统进行连接，如图 4-15 所示。

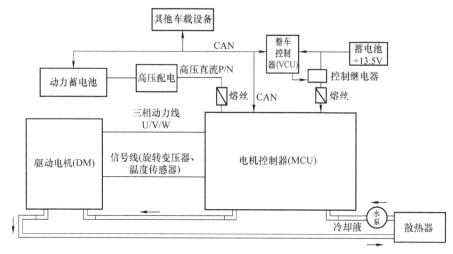

图 4-15　驱动电机系统结构

驱动电机是新能源车辆的唯一动力源，它向外输出转矩，驱动车辆前进或后退。根据车辆不同的运行状态，驱动电机具有电力驱动和能量回收两种工作模式。当车辆采用电力驱动时，动力蓄电池的高压直流电输送至电机控制器，电机控制器将直流电转换为交流电输送给驱动电机，电机运转时产生的转矩传递给驱动轮使车辆行驶，其工作过程如图 4-16 所示。

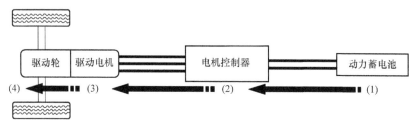

图 4-16　电力驱动过程

在能量回收（再生能量）阶段，通过驱动轮的旋转带动驱动电机转动。此时，电动机转变为发电机，由电机控制器将电机产生的交流电转变为直流电，然后向动力蓄电池充电，如图 4-17 所示。

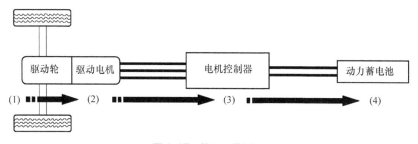

图 4-17　能量回收过程

1. 驱动电机结构

新能源汽车驱动电机除了常见的定子、转子外，还有冷却管路、旋转变压器、高压接线盒等其他部件，如图 4-18 所示。

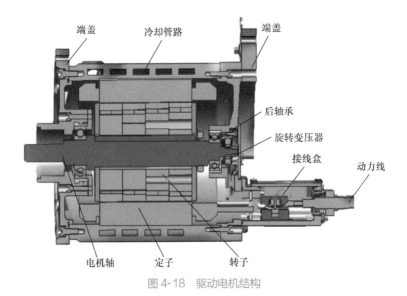

图 4-18　驱动电机结构

2. 电机冷却系统

新能源汽车种类繁多，用途各不相同，采用的驱动电机也是多种多样的，但是，它们都有一个共性的问题，那就是热管理问题。电机的散热方式主要有自然冷却和液体冷却两种，新能源汽车普遍采用液体冷却方式，俗称水冷。

新能源汽车电机冷却系统与传统燃油车的冷却系统很相似，只是冷却水泵为电子式，由 12V 电源驱动其运转。北汽 EV160 电机冷却系统如图 4-19 所示。

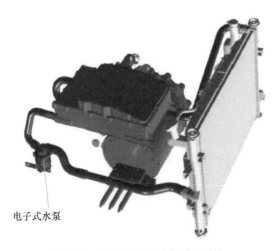

图 4-19　北汽 EV160 电机冷却系统

荣威 E50 电机冷却系统如图 4-20 所示。

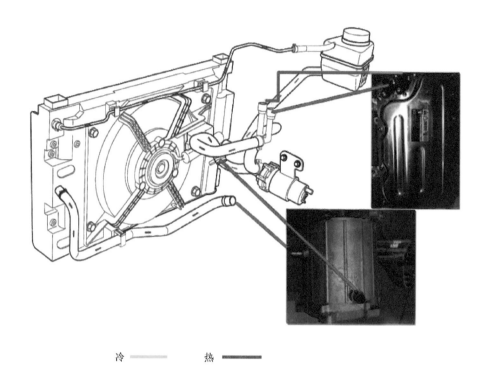

冷 ━━━━━ 热 ━━━━━

图 4-20 荣威 E50 电机冷却系统

新能源汽车的电机冷却系统由电子式水泵提供动力，低温冷却液经过冷却管路由散热器流向电机控制器、DC/DC 变换器、驱动电机等待散热部件，在待散热部件处吸收热量后，再通过冷却管路流经散热器进行散热，之后进行下一个循环，如图 4-21 所示。

3. 温度传感器

驱动电机的发热程度是用"温升"而不是用"温度"来衡量的，当"温升"突然增加或超过最高工作温度时，说明驱动电机已发生故障。驱动电机的极限工作温度是由其绝缘材料的耐热等级来决定的，电机温度传感器通常采用内埋的方式布置在电机定子线圈内部，以此检测电机的工作温度，并作为控制电子式水泵是否运转的主要依据。电机温度传感器如图 4-22 所示。

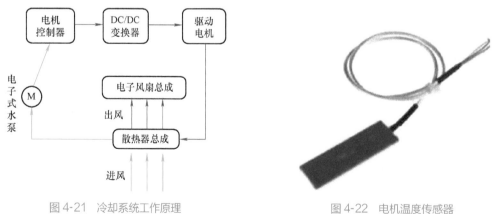

图 4-21 冷却系统工作原理

图 4-22 电机温度传感器

电机温度传感器为负温度系数传感器，电机温度过高时可能导致电机严重损坏，出现这种情况时应立即靠边停车。电机温度过高时，车辆会进入跛行模式，限制转矩输出或强制停机。

以北汽 EV160 车型为例，当电机控制器检测到驱动电机温度传感器显示 120℃≤温度 < 140℃时，降功率运行；当温度 ≥ 140℃时，功率降至 0，即停机状态。

4. 旋转变压器

新能源汽车的驱动电机参与动力传动时必须有速度反馈信号，电机控制器接收到速度反馈信号后，控制电机驱动机构将车速稳定在目标速度。常用的速度反馈元件有旋转编码器、霍尔式速度传感器和旋转变压器。从能够实现的功能来讲，这三种速度反馈元件都具有速度反馈功能。旋转编码器虽然有较高的分辨率，但由于码盘防护等级不高，容易振坏，维修频率高，因而会影响整车质量可靠性和耐久性。霍尔式速度传感器虽然价格便宜，但是分辨率低，影响了车辆的控制精确度，并且霍尔元件长时间受热后磁性会减弱，所以使用寿命不长。旋转变压器的转子和定子是分离结构，它们之间无直接接触现象，而且采用无刷设计，所以有很高的防护等级，具有耐高强度振动、不怕水和油污等特点，使用寿命长达数十年。另外，在采用专用的转换芯片解码后，可以将旋转变压器输出的模拟信号转换为数字信号，具有和旋转编码器相当的解码精度，被广泛用于新能源汽车的驱动电机中。新能源汽车用旋转变压器如图 4-23 所示。

旋转变压器是一种电磁式传感器，又称作同步分解器，简称旋变，是一种输出电压随转子转角变化的信号元件。在运动伺服控制系统中，旋转变压器可用于角度位置的传感和测量。当励磁绕组以一定频率的交流电压励磁时，输出绕组的电压幅值与转子转角成正、余弦函数关系，这种旋转变压器又称为正、余弦旋转变压器。

图 4-23　旋转变压器

（1）旋转变压器分类　根据转子电信号引入、引出的方式不同，旋转变压器分为有刷旋转变压器和无刷旋转变压器。在有刷旋转变压器中，定子、转子上都有绕组，转子绕组的电信号通过转子上的集电环和定子上的电刷连接，由于有电刷存在，使得有刷旋转变压器的可靠性很难得到保证，因此，这种结构形式的旋转变压器应用得很少。在新能源汽车上，应用最广泛的是无刷旋转变压器。目前，无刷旋转变压器有两种结构形式：一种称为环形变压器式无刷旋转变压器，另一种称为磁阻式旋转变压器。

环形变压器式无刷旋转变压器由励磁绕组、余弦绕组和正弦绕组三个线圈组成，如图 4-24 所示。

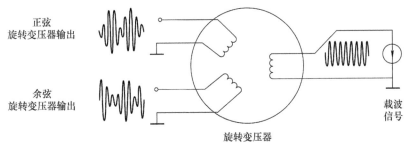

正弦
旋转变压器输出

余弦
旋转变压器输出

旋转变压器

载波
信号

图 4-24　旋转变压器线圈结构

磁阻式旋转变压器是依据电磁感应原理，利用气隙磁阻变化而使输出绕组的感应电压随机械转角做相应的正弦或余弦变化的角度传感元件。磁阻式旋转变压器的励磁绕组和输出绕组设置在同一个定子槽内固定不动，但励磁绕组和输出绕组的形式不一样，两组绕组的输出信号仍然是随转角做正弦变化、彼此相差90°电角度的电信号。磁阻式旋转变压器是一种高精度的新型角位置传感器，具有结构简单、工作可靠及适应高速运行等特点。

磁阻式旋转变压器与传统线绕式旋转变压器在原理上区别较大。传统线绕式旋转变压器的气隙均匀，通过转子信号绕组与定子励磁绕组之间的相对位置变化来计算转子转角位置变化。而磁阻式旋转变压器的信号绕组和励磁绕组均固定在定子上，仅通过转子凸极效应产生具有正弦轨迹的气隙磁导变化，在信号绕组中感应出正、余弦信号，如图4-25所示。

图4-25 磁阻式旋转变压器

磁阻式旋转变压器的结构与传统线绕式旋转变压器的不同之处在于：其励磁绕组和输出绕组均安置在定子铁心的槽中，转子仅由带齿的叠片叠制而成，不放任何绕组，实现了无接触运行。定子冲片内圆上冲制有若干大齿，也称为极靴，每个大齿上又冲制出若干等分小齿，绕组安放在大齿槽中。转子外圆表面冲制有若干等分小齿，其数量与极对数相等。输出和输入绕组均为集中绕制，其正、余弦绕组的匝数按正弦规律变化。

在电路设置上，旋转变压器一般采用频率为1～10kHz的正弦交流电源作为励磁信号，对其输出的两相转角位置调制信号进行处理，得到以电量形式表达的位置信号。其输出电压形式与传统的正、余弦旋转变压器相同。磁阻式旋转变压器具有结构简单、成本低、对环境要求不高、容易实现传动系统一体化等特点，更适合用于电动机及数控系统的高精度控制。

（2）旋转变压器阻值测量

1）吉利EV300驱动电机旋转变压器阻值。余弦：（14.5±1.5）Ω；正弦：（13.5±1.5）Ω；励磁：（9.5±1.5）Ω。

2）比亚迪E5驱动电机旋转变压器阻值。余弦：（16±1）Ω；正弦：（16±1）Ω；励磁：（8±1）Ω。

3）北汽EU260驱动电机旋转变压器阻值。余弦：60×（1±10%）Ω；正弦：60×（1±10%）Ω；励磁：33×（1±10%）Ω。

二、电机控制器的结构原理

1. 电机控制器的功能

驱动电机控制系统主要由高压配电箱、控制器、驱动电机以及相关的传感器等组成，该系统的核心部件为电机控制器。新能源汽车的电机控制器接收档位信号、加速踏板位置、制动踏板位置、旋转变压器等信号，经过一系列的逻辑处理和判断，控制驱动电机的正转、反转和转速，以此驱动车辆行驶。新能源汽车驱动电机控制系统组成如图4-26所示。

电机控制器（MCU）是驱动电机系统的控制中心，又称智能功率模块。北汽EV160电机控制器如图4-27所示。MCU的主要功能是控制驱动电机的旋转速度、旋转方向以及再生能量的回收。此外，电机控制器还要对电流传感器、电压传感器、温度传感器等输入信号进行处理，并将驱动电机系统的运行状态通过CAN总线发送给整车控制器。

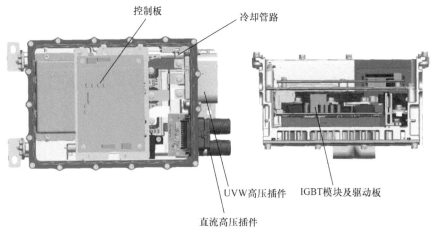

图 4-29　电机控制器的结构

3. 电机控制器的原理

电机控制器是通过调节电压大小、频率高低、相位变化等参数来控制电机的运转，即通过相应的电力转换来控制电机工作。所谓的电力转换，就是直流与交流、电压与频率的转换。电力转换形式有交流→直流转换、直流→交流转换、直流→直流转换和交流→交流转换，如图 4-30 所示。

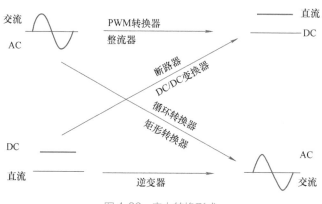

图 4-30　电力转换形式

新能源汽车动力蓄电池所提供的是高压直流电，而驱动电机需要的则是三相交流电。因此，电机控制器所要实现的功能是在电力电子技术中被称为"逆变"的一个过程，即将动力蓄电池端的高压直流电转换成驱动电机输入侧的交流电。

逆变器是通过半导体功率开关的开通和关断作用，把直流电能转变成交流电能的一种变换装置，是整流变换的逆过程。典型逆变电路如图 4-31 所示，它是由 $S_1 \sim S_4$ 构成的桥式电路，S_1 和 S_2 构成一个桥臂，S_3 和 S_4 构成另一个桥臂，形成两桥臂结构。逆变器中同一桥臂的两个开关管不能同时导通，通过改变功率开关的切换周期来改变输出交流电的频率。

1）S_1、S_4 闭合，S_2、S_3 断开时的电路波形如图 4-32 所示。

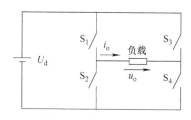

图 4-31　典型逆变电路

2）S_2、S_3 闭合，S_1、S_4 断开时的电路波形如图 4-33 所示。

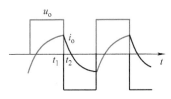

图 4-32　S_1、S_4 闭合，S_2、S_3 断开时的电路波形

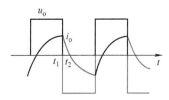

图 4-33　S_2、S_3 闭合，S_1、S_4 断开时的电路波形

电机控制器工作框架如图 4-34 所示。电机控制器内部主要包括控制电路板和驱动电路板两部分。控制电路板以信号采集、旋转变压器解码、模数转换以及 CAN 通信功能为主，并计算出所需占空比，产生正弦脉宽调制（PWM）信号。驱动电路板则以电源控制、功率调节功能为主，通过 IGBT 向驱动电机输送 U、V、W 三相交流电。

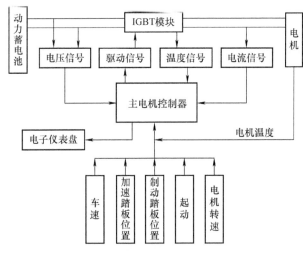

图 4-34　电机控制器工作框架

新能源汽车电机控制器主要是通过 PWM 方式控制 IGBT 工作，从而将电流从 DC 转换为 AC（动力蓄电池到驱动电机）或者从 AC 转化为 DC（驱动电机到动力蓄电池）。IGBT 控制电路如图 4-35 所示。

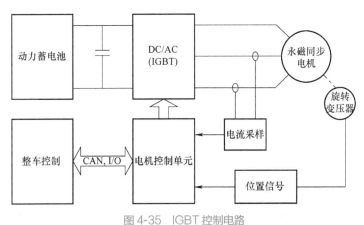

图 4-35　IGBT 控制电路

4. IGBT

IGBT 是由双极型晶体管（BJT）和绝缘栅型场效应管（MOSFET）组成的复合全控型电压驱动式功率半导体器件，如图 4-36 所示。与其他电子元器件相比，IGBT 具有输入阻抗高、开关速度快、驱动电路简单、可承受电压高、导通电流大等优点，已经广泛用于各种变频器和调速电路中，非常适合应用于直流电压为 600V 及以上的交流系统（如交流电机、变频器、开关电源、照明电路）以及牵引传动等领域。

IGBT 是一个高频电子开关，非通即断，没有放大电压的功能，导通时可以看作导线，断开时则看作开路。IGBT 的简化模型有 3 个接口，分别是集电极 C、发射极 E 和门极 G，电路符号如图 4-37 所示。把集电极 C、发射极 E 接在强电路上，门极 G 连接控制信号，给门极 G 一个高电平信号，相当于开关的集电极 C 与发射极 E 之间导通了；再给门极 G 一个低电平信号，开关就断开了。

图 4-36　IGBT

图 4-37　IGBT 电路符号

在实际工作中，经常需要判断 IGBT 是否有异常，在缺乏专门仪器的情况下，可以使用数字万用表进行判断。这时一般会用到万用表的二极管档、电阻档和电容档。值得注意的是，万用表的测试数据并不具有通用性，只能作为参考依据。

（1）二极管档　用二极管档来测量续流二极管的正向压降。短接门极 - 发射极，万用表的红表笔接发射极、黑表笔接集电极。正常模块的正向压降应为 0.3 ~ 0.7V，过大说明 FWD 芯片或绑定线断开，过小说明 FWD 或 IGBT 芯片出现短路。

（2）电阻档

1）测量模块内各个 IGBT 的集电极 - 发射极之间的阻值。短接门极 - 发射极，万用表的红表笔接集电极，黑表笔接发射极，正常模块的阻值显示一般在兆欧级以上。

2）分别测量模块内各个 IGBT 的门极 - 发射极（门极 - 集电极）之间的阻值。万用表的红、黑表笔分别接门极和发射极（门极和集电极），正常模块同样应显示高阻态。当模块上连接有驱动板时，门极 - 发射极之间的阻值等于泄放电阻，一般为数千欧姆。

（3）电容档　将万用表测量档位调至电容档，红表笔接门极、黑表笔接发射极，测量模块内 IGBT 的门极 - 发射极之间的电容值，并记录测量数据；然后对换表笔进行测量，并记录测量所得数据。根据模块不同，电容值为几纳法到几十纳法。

IGBT 按照封装方式不同，可分为 IGBT 裸片、IGBT 分立器件、IGBT 模块和 IGBT 智能驱动模块等类型。IGBT 智能驱动模块是将功率半导体开关器件和驱动电路、过电压过电流保护电路、温度监视与超温保护电路等外部电路集成在一起的组合型器件，如图 4-38 所示。

IGBT 最常见的应用形式不是单管而是模块，即将多个 IGBT 芯片以绝缘的方式组装到金属基板上，并采用空心塑壳封装，如图 4-39 所示。多个 IGBT 芯片并联后的电流规格更大，按照特定的电路形式进行组合可以减少外部电路连接的复杂性。把多个 IGBT 芯片布置在同一个金属基板上，相当于在独立的散热器与 IGBT 芯片之间增加了一块均热板，工作更可靠。模块中多个 IGBT 芯片之间的内部连接与多个独立的单管进行外部连接相比，大大简化了电路布局，并且模块的外部引线端子更适合高电压和更大电流的连接。

图 4-38 IGBT 智能驱动模块

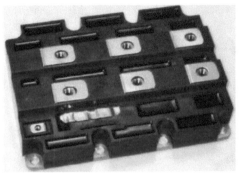

图 4-39 IGBT 模块

第三节 新能源汽车驱动电机及其控制系统故障维修

一、电机控制器总成更换

电机控制器主要具有电动 / 发电模式控制、转矩控制、故障检测与保护、CAN 通信及诊断等功能。其常见故障有内部传感器损坏、控制电路板失效、IGBT 模块失效等，故障现象均为车辆无法行驶，同时仪表上的电机故障指示灯点亮。

1. 北汽 EV160 电机控制器总成更换

北汽 EV160 电机控制器总成的拆装步骤如下（注意穿戴好高压安全防护用品）：

1）关闭点火开关，拆卸低压蓄电池负极，并用绝缘胶带包裹蓄电池负极连接线。

图 4-40 拆卸电机控制器冷却液管路

2）放出冷却液，拆卸电机控制器冷却液管路，如图4-40所示。

3）拆卸电机控制器低压线束，如图4-41所示。

4）拆卸电机控制器高压线束，并用万用表测量有无剩余电压，如果有剩余电压，则利用放电工装释放剩余电压。

5）拆卸电机控制器的固定螺栓，然后取下电机控制器。

6）检查电机控制器线束接线端子有无弯曲变形或导线环脱落现象，如图4-42所示。

7）按照与拆卸相反的顺序安装电机控制器，然后添加同型号的冷却液至规定的液面高度。

8）车辆复位后打开点火开关，检查上电是否正常，路试车辆运转是否正常。

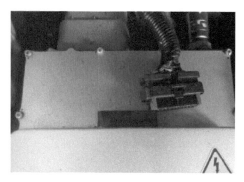

图4-41 拆卸电机控制器低压线束

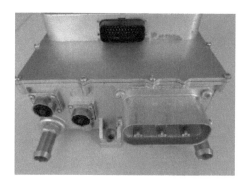

图4-42 检查电机控制器接线端子

2. 江淮 IEV 6S 电机控制器总成更换

江淮 IEV 6S 电机控制器总成的拆装步骤如下（注意穿戴好高压安全防护用品）：

1）钥匙置于"LOCK"档位，断开12V蓄电池负极连接线。

2）拆下维修开关，切断整车高压电路。维修开关位于整车后排座椅下方的中间位置，如图4-43所示。

3）断开电机控制器上的正、负母线插接件，如图4-44所示。

图4-43 拆下维修开关

图4-44 断开正、负母线插接件

4）拆下电机控制器接线盒盖板固定螺栓，然后拆下 U、V、W 三相电缆，如图4-45所示。固定螺栓包括3个 M6×20 外六角螺栓和1个 M6×25 异形螺栓，拧紧力矩为 7～11N·m。

5）拆卸电机控制器低压线束 23PIN 和 14PIN 插接件，如图 4-46 所示。

图 4-45　拆卸接线盒盖板

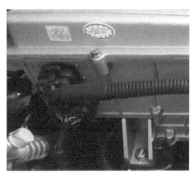

图 4-46　拆卸低压线束插接件

6）拆下电机控制器低压负极搭铁，拆卸 DC/DC 变换器输出端电缆，如图 4-47 所示。

7）拆卸电机控制器的进出冷却液管路，如图 4-48 所示。

图 4-47　拆卸 DC/DC 变换器输出端电缆

图 4-48　拆卸电机控制器冷却液管路

8）拆卸电机控制器的 4 个固定螺栓（4 个 M8×25 外六角螺栓，拧紧力矩为 25N·m），然后移出电机控制器，如图 4-49 所示。

9）按照与拆卸相反的顺序安装电机控制器，然后添加同型号的冷却液至规定的液面高度，如图 4-50 所示。

图 4-49　拆卸电机控制器固定螺栓

图 4-50　安装电机控制器

10）车辆复位后打开点火开关，检查车辆上电是否正常，如图 4-51 所示。

图 4-51　检查车辆上电是否正常

1—电池温度表　2—功率表　3—液晶显示屏　4—可行驶状态（READY）灯　5—车速表　6—电量表　7—容量表

二、驱动电机总成更换

新能源汽车驱动电机属于高压部件，进行相关维修作业前必须穿戴好安全防护用品。以吉利新能源汽车 EV300 为例，可以从车辆上方或下方取出驱动电机，这里采用从车辆下方取出驱动电机的方式，总成部件的更换步骤如下：

1）将车辆停放平稳，按下驻车制动器，打开发动机舱盖。

2）进行空调制冷剂的回收工作。

3）断开蓄电池负极连接线。

4）拆卸维修开关，如图 4-52 所示。

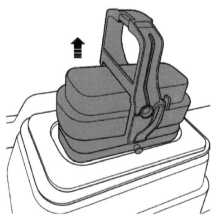

图 4-52　拆卸维修开关

5）拆卸电机控制器上盖，如图 4-53 所示。

6）拆卸驱动电机三相线束，拆卸电机控制器，如图 4-54 所示。

7）拆卸车载充电机，如图 4-55 所示。

8）拆卸发动机舱底部护板，如图 4-56 所示。

图 4-53 拆卸电机控制器上盖

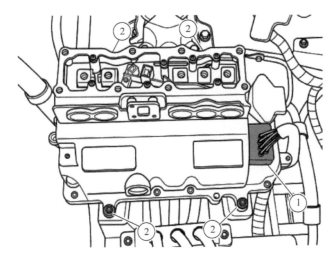

图 4-54 拆卸电机控制器

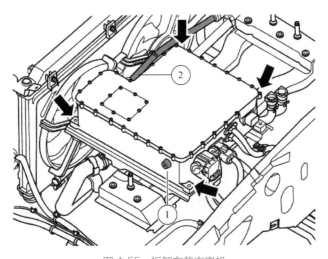

图 4-55 拆卸车载充电机

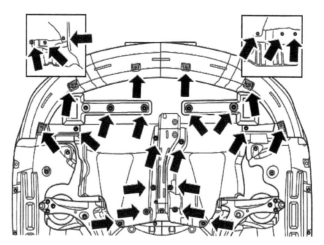

图 4-56 拆卸发动机舱底部护板

9）拆卸电动空调压缩机，如图 4-57 所示。

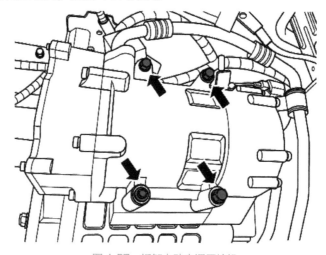

图 4-57 拆卸电动空调压缩机

10）拆卸车底纵梁，如图 4-58 所示。

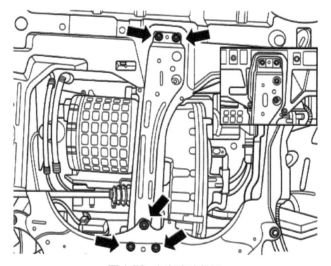

图 4-58 拆卸车底纵梁

11）拆卸右前轮胎，拆卸右前驱动半轴，如图 4-59 所示。

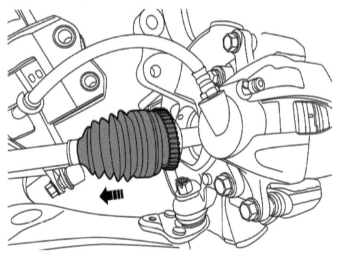

图 4-59　拆卸右前驱动半轴

12）拆卸制动真空泵，如图 4-60 所示。

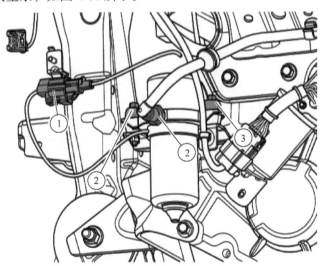

图 4-60　拆卸制动真空泵

13）拆卸驱动电机。

①脱开驱动电机冷却液管路，如图 4-61 所示。

②断开驱动电机线束连接器，拆卸驱动电机搭铁线束固定螺栓，脱开搭铁线束，如图 4-62所示。

③使用专用电机托架从下方托住驱动电机，如图 4-63 所示。

④拆卸前悬置支架驱动电机侧的 4 个固定螺栓，如图 4-64 所示。

⑤拆卸减速器前部的 4 个固定螺栓，如图 4-65 所示。

⑥拆卸减速器后部的 3 个固定螺栓，如图 4-66 所示。

⑦拆卸驱动电机右侧固定支架上部的 3 个固定螺栓①和下部的 4 个固定螺栓②，然后取下驱动电机右侧固定支架，如图 4-67 所示。

⑧用合适的工具轻轻撬开减速器与驱动电机接合处，然后抽出驱动电机，如图4-68所示。

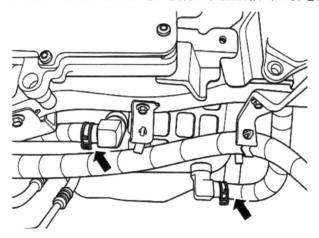

图4-61　脱开驱动电机冷却液管路

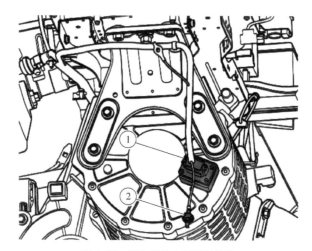

图4-62　脱开驱动电机搭铁线束

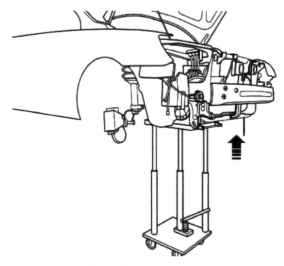

图4-63　托住驱动电机

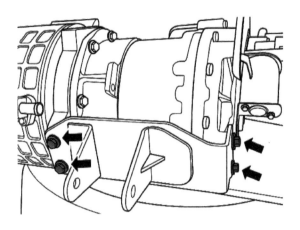

图 4-64　拆卸前悬置支架驱动电机侧的 4 个固定螺栓

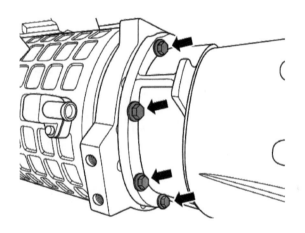

图 4-65　拆卸减速器前部的 4 个固定螺栓

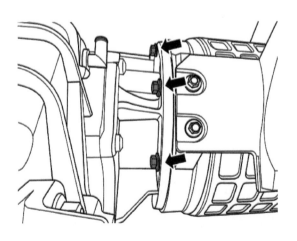

图 4-66　拆卸减速器后部的 3 个固定螺栓

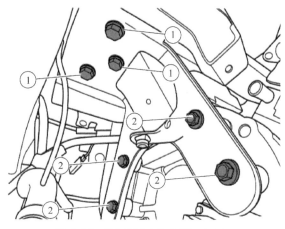

图 4-67　拆卸驱动电机右侧固定支架

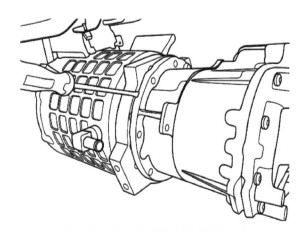

图 4-68　撬开减速器与驱动电机接合处

14）缓慢降下驱动电机托架，然后将驱动电机放在工作台上。

15）按照与拆卸相反的顺序进行安装。在安装驱动电机前，需要在电机与减速器接合面上涂抹密封胶。装配驱动电机时，应该使驱动电机输出轴花键与减速器输入轴凹槽对齐，减速器法兰盘端面定位销应落入驱动电机前端面的安装孔内。

三、驱动电机的检测

驱动电机的检测主要有缺相检测和绝缘检测两种。在整车上进行驱动电机的任何检测项目前，都必须穿戴好高压安全防护用品，断开低压蓄电池负极，拆下维护插接器，并释放高压部件的剩余电压，严禁带电操作。这里以江淮 iEV6S 驱动电机（图 4-69）为例，来说明驱动电机的检测方法。

1. 缺相检测

缺相是指驱动电机内部某相线圈发生不通电或阻值过大 / 过小的故障，其主要原因为某相线圈烧蚀、线圈断路或接线端子烧蚀等。检测方法如下：

1）拆卸驱动电机高压接线盒盖板。

2）检查驱动电机动力电缆接头有无烧蚀现象，如图 4-70 所示。

图 4-69　江淮 iEV6S 驱动电机

图 4-70　检查动力电缆接头

3）拆卸 U、V、W 三相线，用万用表电阻档分别测量 AB、BC、AC 之间的阻值，相互之间的差值大于 0.5Ω 即判定为驱动电机缺相，需要更换驱动电机。

2. 绝缘检测

绝缘故障通常是由于驱动电机内部进水、绝缘层受热失效或线圈烧蚀对地短路等原因引起的。电机出现绝缘故障时，往往会报告电机控制器故障或整车绝缘故障，进行电机绝缘检测前必须断开高压电路，用数字式兆欧表进行检测。

1）打开电机接线盒盖板，拆卸动力电缆，将电缆与安装底座完全分离，如图 4-71 所示。

2）绝缘表选择测试电压 500V 量程，分别测量三相绕组的对地绝缘阻值，测试结果均应大于 $20M\Omega$。若低于此值，则说明驱动电机损坏，应进行更换。

图 4-71　拆卸动力电缆

四、新能源汽车驱动电机系统控制电路分析

1. 吉利 EV300 驱动电机系统控制电路

（1）驱动电机系统控制电路原理　吉利 EV300 驱动电机系统控制电路如图 4-72、图 4-73 所示。

（2）电机控制器低压插接件　吉利 EV300 电机控制器低压线束 12PIN 插接件端子如图 4-74 所示，端子定义见表 4-3。

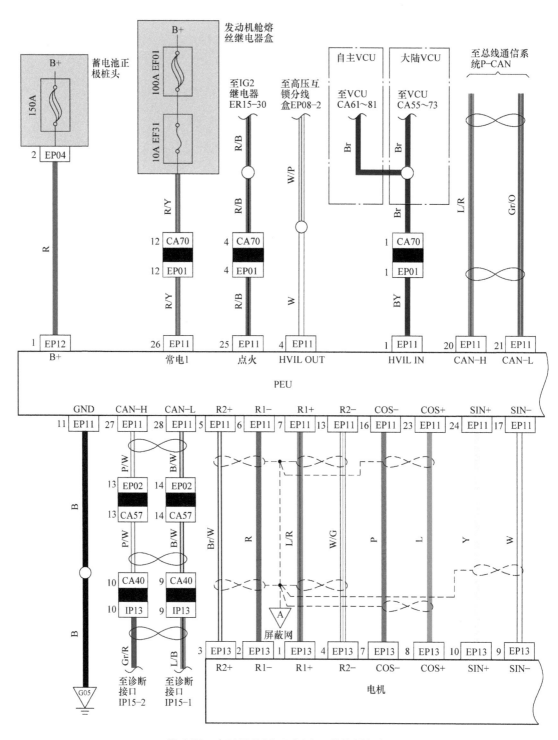

图 4-72　吉利 EV300 驱动电机系统控制电路 1

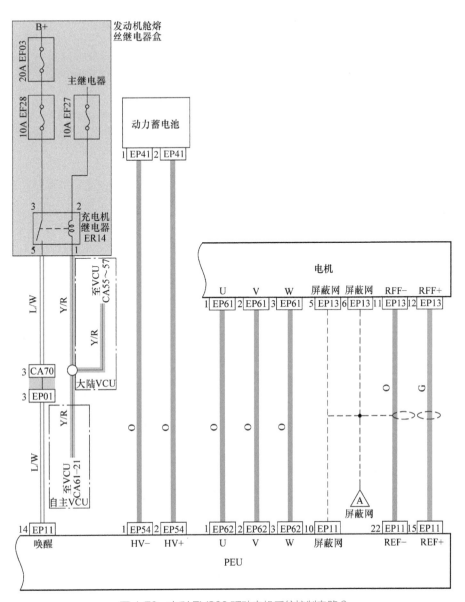

图 4-73　吉利 EV300 驱动电机系统控制电路 2

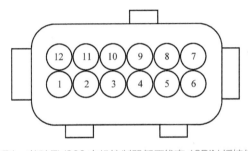

图 4-74　吉利 EV300 电机控制器低压线束 12PIN 插接件端子

表4-3 吉利EV300电机控制器低压线束12PIN插接件端子定义

端字号	端子定义	端子状态
1	R1+	NTC温度传感器1
2	R1−	
3	R2+	NTC温度传感器2
4	R2−	
5	GND	屏蔽线
6	GND	
7	COSL	旋转变压器余弦
8	COS	
9	SINL	旋转变压器正弦
10	SIN	
11	REFL	旋转变压器励磁
12	REF	

2. 北汽EV160驱动电机系统控制电路

（1）驱动电机系统控制电路原理　北汽EV160驱动电机系统控制电路如图4-75所示。

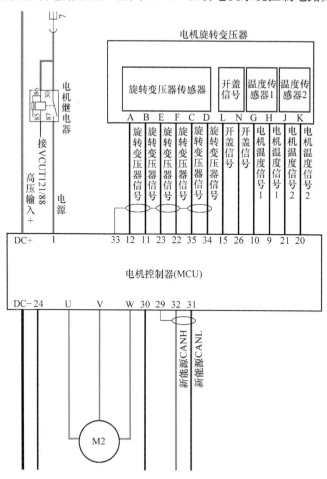

图4-75 北汽EV160驱动电机系统控制电路

（2）驱动电机低压信号线束连接器　北汽EV160驱动电机低压信号线束连接器如图4-76所示，端子定义见表4-4。

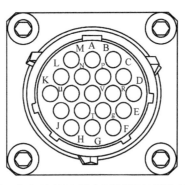

图 4-76　北汽 EV160 驱动电机低压信号线束连接器

表 4-4　北汽 EV160 驱动电机低压线束连接器端子定义

端子编号	信号名称	说明
A	励磁绕组 R1	电机旋转变压器接口
B	励磁绕组 R2	
C	余弦绕组 S1	
D	余弦绕组 S3	
E	正弦绕组 S2	
F	正弦绕组 S4	
G	THO	电机温度传感器接口
H	TLO	
L	HVIL1（+L1）	高压互锁接口
M	HVIL2（+L2）	

注：表中未提的端子编号为空脚。

（3）电机控制器35针连接器　北汽EV160驱动电机控制器35针线束连接器如图4-77所示，端子定义见表4-5。

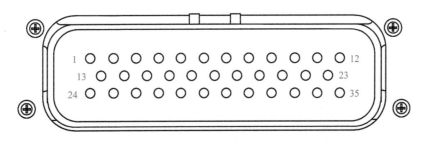

图 4-77　北汽 EV160 驱动电机控制器 35 针线束连接器

表 4-5　北汽 EV160 驱动电机控制器 35 针线束连接器端子定义

端子编号	信号名称	说明
12	励磁绕组 R1	电机旋转变压器接口
11	励磁绕组 R2	
35	余弦绕组 S1	
34	余弦绕组 S3	
23	正弦绕组 S2	
22	正弦绕组 S4	
33	屏蔽层	
24	12V–GND	控制电源接口
1	12V+	
32	CAN–H	CAN 总线接口
31	CAN–L	
30	CAN 接地	
29	CAN 屏蔽	
10	TH	电机温度传感器接口
9	TL	
28	屏蔽层	
15	HVIL1（+L1）	高压互锁接口
26	HVIL2（+L2）	

注：表中未提的端子编号为空脚。

五、驱动电机及其控制系统常见故障分析

1. 驱动电机常见故障及其维修方法（见表 4-6）

表 4-6　驱动电机常见故障及其维修方法

序号	故障现象	可能原因	维修方法
1	车辆无法运行，报故障码	1）相序不对或三相接插件未接好 2）电机旋转变压器线或接插件损坏	1）检查电机控制器与电机的三相线连接是否正确，是否与出线上的标记相对应 2）检查电机控制器与电机三相线是否牢固 3）检查电机位置信号连线是否完好、插头是否接触良好、针脚是否完好 4）若故障码一直存在，则有可能是控制器故障

（续）

序号	故障现象	可能原因	维修方法
2	起动车辆后抖动，无法加速	1）相序不对或三相接插件未接好 2）电机传感器位置偏离	1）检查电机控制器与电机的三相线连接是否正确，是否与出线上的标记相对应 2）检查电机控制器与电机三相线是否牢固 3）若确认电机接插件都没有问题，则为电机位置传感器偏离，否则为电机故障
3	车辆加速时出现"嗡嗡"的剧烈异响	电机轴承损坏	一般若加速时发生异响，则电机发生故障的可能性较大；若只在滑行时产生异响而加速时没有异响，则说明减速器发生故障的可能性较大
4	车辆无法运行，检测发现绝缘故障	1）电机三相线绝缘故障 2）电机内部绕组绝缘故障	确定为电机故障
5	电机漏油	1）电机油封损坏 2）减速器与电机的装配螺栓松动	1）检查漏油点部位，如果在电机与减速器连接端面处，则检查螺栓是否松动 2）如果漏油处在电机端盖与电机机壳缝隙处，则可能为电机油封损坏，需要更换油封并清理电机内部（该故障一定要及时处理，以免减速器油进入电机内部损坏电机轴承和绕组）

2. 电机控制器常见故障及其维修方法（见表 4-7）

表 4-7　电机控制器常见故障及其维修方法

序号	故障现象	可能原因	维修方法
1	电机运行不平稳，发生抖动	1）相序不正确 2）电机缺相 3）位置传感器故障	1）检查电机控制器与电机的三相出线连接是否正确，是否与出线上的标记相对应 2）检查电机控制器与电机三相接线的连接是否可靠 3）检查电机位置信号连线是否完好、插头是否接触良好、针脚是否完好
2	踩下加速踏板后电机不转	1）控制信号未输入 2）位置传感器故障 3）控制器温度过高	1）检查各开关信号是否到达控制器，以及加速踏板位置传感器供电是否正常、输出是否正常 2）检查电机位置传感器连线是否完好、插头是否接触良好、针脚是否完好 3）控制器温度过高将触发过温保护，等待控制器温度下降到正常值，并检查风扇
3	档位挂上后，在未踩加速踏板的情况下电机开始旋转，或踩加速踏板时感觉空行程过大	1）加速踏板位置传感器输出电压过高 2）加速踏板位置传感器输出电压过低	更换符合电机控制器要求的加速踏板位置传感器
4	仪表上无档位和转速信号，但车辆可以正常运行	1）电机控制器 CAN 总线通信故障 2）仪表故障 3）线束故障	1）检查电机控制器接插件是否接触良好、针脚是否完好 2）查找仪表及线束是否正常

（续）

序号	故障现象	可能原因	维修方法
5	没有故障代码，车辆不能运行	1）电机控制器故障 2）换档机构故障 3）制动踏板故障	1）检查电机控制器接插件是否接触良好、针脚是否完好 2）将档位置于前进档或倒档，检查档位信号是否正常，若不正常，则为换档机构故障 3）在不踩制动踏板的情况下，检查制动信号是否有 12V 信号，如果有，则说明制动踏板故障
6	电机控制器有异响	电机控制器风扇故障	检查电机控制器风扇的防护罩是否有凹陷或松动
7	车辆正常运行过程中，突然出现动力中断，或者车辆时而能运行时而不能运行	1）电机控制器故障 2）换档机构故障 3）制动踏板故障	1）在故障出现时查看故障代码，确认故障 2）将档位分别置于空档、D 档和 R 档，看仪表显示是否正确，若不正确，则检查档位控制器 3）检查制动踏板信号发生故障时是否为 12V

注意： 需要拔插电机控制器上的高压接插件时，必须在点火开关置于"KEY OFF"位置、拆下低压蓄电池负极，且断开动力蓄电池高压 25s 后进行相关操作。如果遇到其他情况不能确认原因，应及时联系厂家相关技术人员。

3. 驱动电机减速器常见故障及其维修方法（见表 4-8）

表 4-8　驱动电机减速器常见故障及其维修方法

序号	故障现象	可能原因	维修方法
1	噪声过大或有异响	1）缺油，润滑不良 2）齿轮油黏度低 3）齿面损伤或磨损过大，造成齿侧间隙过大 4）轴承损坏 5）减速器箱体受压或撞击变形 6）若转弯时噪声增大或声音异常，则原因为差速器内齿轮啮合不良、受阻、磨损、缺油等	更换减速器
2	电机转但车轮不转	1）齿轮组合件配合过松而打滑 2）差速器内的行星齿轮啮合不良（磨损过大）而打滑 3）行星齿轮轴断裂	更换减速器
3	减速器漏油	电机端漏油： 1）油封的紧箍弹簧掉出 2）油封的主唇破损或磨损	更换油封
		减速器箱体盖之间的端面漏油： 1）箱体之间的衬垫损坏 2）箱体或箱盖端面不平整，有凸点 3）箱体或箱盖扭曲变形 4）箱体之间的固定螺栓松动	更换减速器壳体
		半轴接合处漏油：与半轴配合的骨架油封损坏	更换油封

第五章

新能源汽车整车控制系统结构原理与维修

第一节　新能源汽车整车控制器功能介绍

一、整车控制器的基本概念

整车控制器（VCU）是新能源汽车的三电核心部分之一，是整个车辆的控制中心，其外观如图 5-1 和图 5-2 所示。它的主要功能是根据驾驶人的操作意愿和各系统的实时状态，在运算分析后做出决策，合理分配动能，控制车辆充电、加减速、能量回收以及故障检测等工作，使车辆运行在最佳状态。

图 5-1　荣威 E50 整车控制器

图 5-2　北汽 EV160 整车控制器

VCU 是实现整车控制决策的核心电子控制单元，通过采集加速踏板位置、档位、制动踏板位置等信号来判断驾驶人的驾驶意图，通过监测车辆状态（车速、电量、温度等）信息并进行判断处理后，向动力驱动系统和动力蓄电池系统发送车辆的运行控制指令，同时控制车载附件电力系统的工作模式。另外，VCU 还具有整车系统故障诊断保护与存储功能。

VCU 的硬件电路、底层软件和应用层软件是其关键核心技术。硬件电路采用标准化核心模块电路（主处理器、电源、存储器、CAN 模块）和 VCU 专用电路（传感器信号采集等）。随着汽车级处理器技术的发展，VCU 从基于 16 位向 32 位处理器芯片逐步过渡，32 位处理器芯片已成为业界主流产品。底层软件以 AUTOSAR 汽车开发系统架构为标准，实现了电子控制单元（ECU）开发共平台的发展目标，支持不同的新能源汽车控制系统。

应用层软件按照 V 型开发流程、基于模型开发完成，有利于团队协作和平台拓展，如图 5-3 所示。策略文档和软件模型可增强可追溯性，驾驶人转矩解析、换档规律、模式切换、转矩分配和故障诊断策略等是应用层的关键技术，对车辆的动力性、经济性和可靠性有着重要影响。

整车控制器根据各种传感器及控制器反馈的信息，来判断当前车辆所处的运行状态，进而合理控制整车运行情况。整车控制系统的结构如图 5-4 所示。

整车控制器的工作流程是首先进行工况判断，然后计算出转矩需求并发出控制指令，各系统将实时运行信息反馈给 VCU，以此来修正控制指令，信息的传送采用 CAN 总线模式。整车控制系统的控制模式通常分为正常模式、跛行模式和停机保护模式三种。

（1）正常模式　正常模式是指车辆能够按照驾驶人的操作意愿、车辆负载以及行驶环境的变化，自行调节其动力性、经济性和舒适性，是车辆的正常行驶状态。

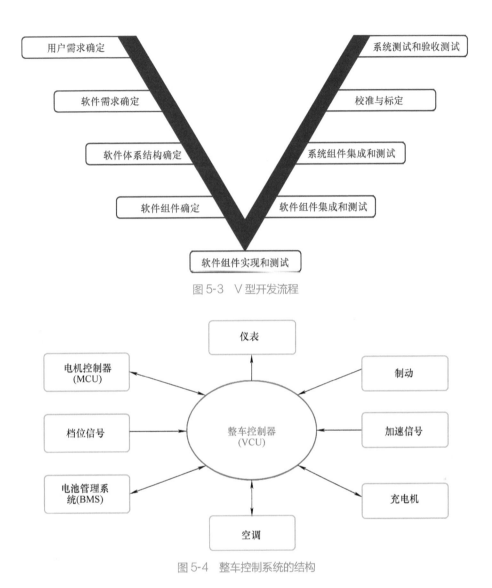

图 5-3　V 型开发流程

图 5-4　整车控制系统的结构

（2）跛行模式　跛行模式是指当车辆的某个系统出现中度故障时，系统将不采纳驾驶人的加速请求，而是启动跛行模式（即备用模式），此时最高车速通常在 10km/h 左右，可以维持车辆缓慢行驶至维修网点。

（3）停机保护模式　停机保护模式是当车辆的某个系统出现严重故障时，整车控制器将无法控制车辆行驶，只能进入停机状态。

二、整车控制器的核心功能

新能源汽车是一个由多个子系统构成的复杂动力系统，主要包括动力蓄电池、驱动电机系统以及其他辅助功能系统。各子系统通过独立的控制单元（ECU）来完成各自的功能和目标。为了实现整车动力性、经济性、安全性和舒适性的目标，需要有智能化的人车交互接口，还需要各个系统之间彼此协作、优化匹配。这项艰巨的任务是由整车控制器来完成的。由于 CAN 总线具有造价低廉、传输速率高、安全性和可靠性高、纠错能力强和实时性好等优点，基于总

线的分布式控制网络是使众多子系统实现协同控制的理想工具，已广泛应用于新能源汽车的整车控制系统，如图 5-5 所示。

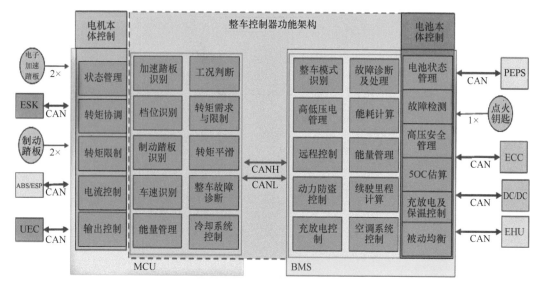

图 5-5　整车控制器功能架构

1. 起停控制

当点火开关置于"ON"档时，向 VCU 输送 12V 唤醒信号，VCU 控制主继电器给电机控制器和电池控制器供电，同时通过 CAN 总线发送相关命令，完成整车系统的启动。

2. 高压供电控制

当整车控制器接收到上电开关、直流充电桩、车载充电机或远程智能终端的唤醒信号后，直接控制高压继电器吸合或断开，完成高压系统的接通或断开。

3. 驱动电机驱动控制

整车控制器根据加速踏板位置信号、档位信号和车速信号计算车辆的目标转矩，并通过 CAN 总线发送转矩需求指令给电机控制器。

4. 再生能量回收控制

再生能量回收是在车辆滑行或制动过程中，电机从驱动状态转变为发电状态，将车辆的动能转换为电能储存在动力蓄电池中。当车辆在滑行或制动时，VCU 根据 ABS 状态、动力蓄电池状态和制动踏板位置等信号，计算再生能量回收转矩并发送指令给电机控制器，启动再生能量回收功能。

5. 节能模式控制

整车控制器会根据电机状态、加速或制动踏板状态、空调状态、停车状态和节能指令判断车辆是否能够进入 ECO（生态、节能、优化）模式。在 ECO 模式下，整车的加速性能会有所减弱，在滑行和制动过程中会加大能量回收效果。

6. 交流充电控制

当整车控制器判断车辆处于慢速充电模式时，根据动力蓄电池的充电需求，向车载充电机发送充电指令，动力蓄电池开始充电。

7. 快速充电控制

当车辆与快速充电设备连接时，充电设备发送充电唤醒信号给整车控制器，然后整车控制器根据充电需求向快速充电设备发送充电指令，动力蓄电池开始充电。

8. 冷却系统控制

在车辆行驶状态下，整车控制器根据电机温度、IGBT 温度、冷却液温度和空调状态等信号，控制电子冷却液泵与散热风扇的运转。

9. 动力切断控制

新能源汽车利用高压电作为动力，当车辆发生碰撞、绝缘故障、动力蓄电池过温 / 过电压、动力电机过电流 / 过温等严重故障时，整车控制器会及时切断高压电路上的继电器，使动力蓄电池停止输出电流，以确保人员和车辆的安全。

10. DC/DC 变换器控制

新能源汽车的基础电气系统仍然采用 12V 供电，由低压蓄电池供电。整车控制器随时监测低压蓄电池的电量，当电压降至设定值时，会控制高压系统上电，通过 DC/DC 变换器给 12V 蓄电池充电。

11. 整车故障控制

1）判断整车的各个传感器、执行机构的状态。

2）检测出相应的错误标志，协调故障状态下各个模块的计算、执行。

3）对故障状态进行记录、输出和消除。

整车控制器根据驱动电机、动力蓄电池、DC/DC 变换器等零部件故障，整车 CAN 网络故障及 VCU 硬件故障等进行综合判断，确定整车的故障等级，并进行相应的控制处理。新能源汽车整车故障通常分为四类，见表 5-1。

表 5-1　整车故障分类

等级	名称	故障状态	故障列表
一级	致命故障	紧急断开高压电路	MCU 直流母线过电压故障、BMS 一级故障
二级	严重故障	零转矩	MCU 相电过电流，IGBT、旋转变压器等故障；电机节点丢失故障；档位信号故障
三级	一般故障	跛行	加速踏板故障
		降功率	MCU 电机超速保护
		限功率（小于 7kW）	跛行故障、SOC 小于 1%、BMS 单体欠电压、内部通信和硬件等二级故障
		限速（小于 15km/h）	低压欠电压故障、制动故障
四级	轻微故障	仪表只显示"维修提示"，车辆能够正常行驶	MCU 电机系统温度传感器故障、直流欠电压、VCU 硬件故障、DC/DC 变换器异常等

12. 远程控制

用户使用智能手机将远程控制指令通过 GPRS/SMS 传送到车载远程智能终端，控制车辆相关部件，实现远程查询、远程空调操作和远程充电等功能。执行远程充电控制时，充电电缆必须已经与车辆连接，且车辆必须处于无线信号能够覆盖的位置。

新能源汽车以整车控制器为核心，实时收集各系统的运行数据，经运算后发出控制指令并监控运行状态，如有异常立即启动故障模式。整车控制系统的逻辑关系如图 5-6 所示。

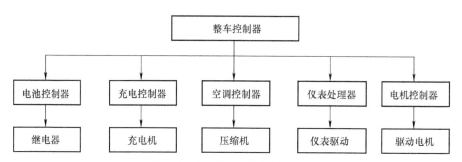

图 5-6　整车控制系统的逻辑关系

第二节　新能源汽车整车控制器工作原理

一、整车唤醒模式

1. ON 档唤醒

当点火开关位于 ON 档时，整车控制器（VCU）和数据采集终端均会收到唤醒信号，使其开始工作，如图 5-7 所示。

2. 慢充唤醒

当车辆与慢充桩连接完成后，首先激活车载充电机，然后由车载充电机给整车控制器和数据采集终端发送慢充唤醒信号，如图 5-8 所示。

3. 远程控制唤醒

车辆远程控制功能被激活以后，由数据采集终端向整车控制器发送远程唤醒信号，如图 5-9 所示。

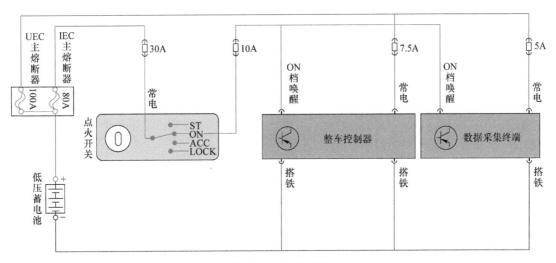

图 5-7　ON 档唤醒

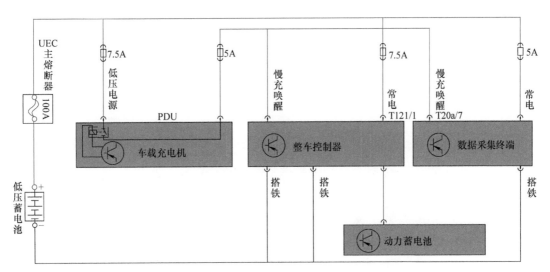

图 5-8　慢充唤醒

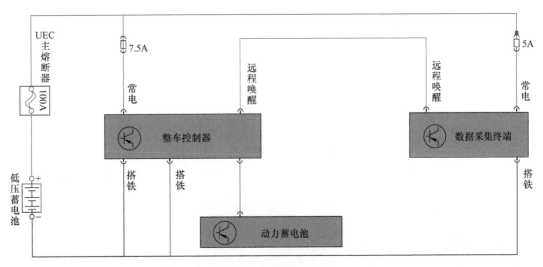

图 5-9　远程控制唤醒

二、整车高压配电控制

新能源汽车工作电压通常在 DC 300V 以上，工作电流高达上百安，对高压配电系统的设计及高压零部件的选用要求非常严格。从整车空间和架构的优化及生产成本方面考虑，业界广泛采用高压电气系统集中式配电架构。高压动力电源首先进入高压配电盒，然后根据系统需求分配到各个高压电气部件，保证了整个高压系统的安全性、绝缘性、抗电磁干扰及耐振动等性能。

目前，新能源汽车上采用的高压配电盒大都沿用工业高压配电箱的设计理念，通过高压继电器控制电路的接通与断开，用熔断器保护高压电路及高压部件的安全性。此外，对于大功率的容性负载，如电机驱动器和 DC/DC 变换器，还需要进行预充电处理及状态监控。高压配电盒大多采用散热及抗振动性能优良的铝合金壳体，具有较高的密封防水等级，在寿命、功耗、体积及质量上也有较大的优势。

1. 北汽 EV160 高压配电

北汽 EV160 的高压电是通过高压盒来完成动力蓄电池电源的输出及分配，实现对支路用电器的保护及切断。高压盒上面设有动力蓄电池插接件、快充插接件、电机控制器插接件、高压附件插接件以及低压控制插接件。PTC 熔断器、空调压缩机熔断器、DC/DC 变换器熔断器、车载充电机熔断器也集成在高压盒内，如图 5-10 所示。

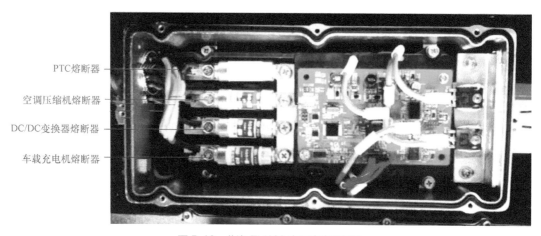

图 5-10　北汽 EV160 高压盒内部结构

北汽 EV160 高压盒控制电路如图 5-11 所示。

2. 吉利帝豪 EV300 高压配电

吉利帝豪 EV300 高压配电系统由分线盒、电机三相线、直流母线、交流充电接口、直流充电接口以及高压线束组成，如图 5-12 所示。

吉利新能源汽车的高压配电盒被称为分线盒。它将动力蓄电池输送的电能分配给电机控制器、空调压缩机和 PTC 加热器；当车辆慢速充电时，充电电流也会经过分线盒流入动力蓄电池。高压系统配电原理如图 5-13 所示。

分线盒内对电动空调压缩机回路、PTC 加热器回路、交流慢充回路各设有一个熔断器。

当上述回路中的电流超过额定值时，熔断器会立即熔断以保护相关回路。分线盒电气原理如图 5-14 所示。

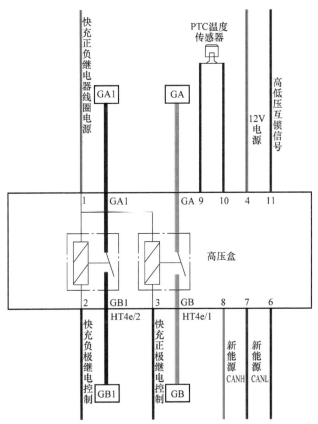

图 5-11　北汽 EV160 高压盒控制电路

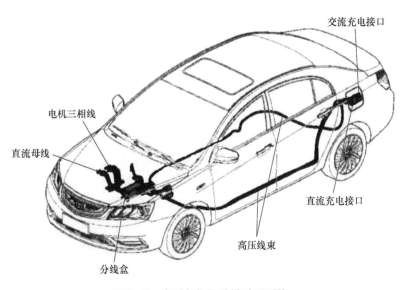

图 5-12　吉利帝豪 EV300 高压系统

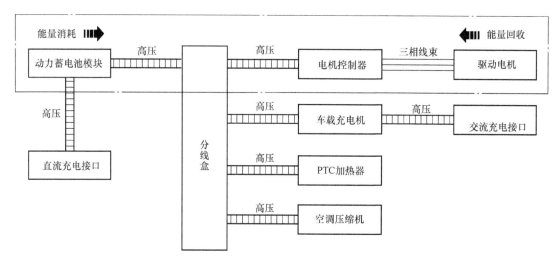

图 5-13　吉利新能源汽车高压系统配电原理

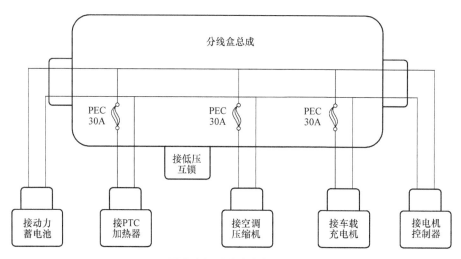

图 5-14　分线盒电气原理

3. 比亚迪 E5 高压配电

比亚迪 E5 高压配电系统集成在高压电控总成内，安装在发动机舱内部。高压电控总成主要由双向交流逆变式电机控制器（VTOG）、车载充电、DC/DC 变换器、高压配电箱和漏电传感器等组成，如图 5-15 所示。

比亚迪 E5 高压电控总成的功能有控制高压交 / 直流电双向逆变，驱动电机运转，实现充、放电功能（VTOG、车载充电器）；将高压直流电转化为低压直流电，为整车低压电气系统供电（DC/DC 变换器）；实现整车高压回路配电功能以及高压漏电检测功能（高压配电箱和漏电传感器模块）；CAN 通信、故障处理记录、在线 CAN 烧写以及自检等。比亚迪 E5 高压配电控制原理如图 5-16 所示。

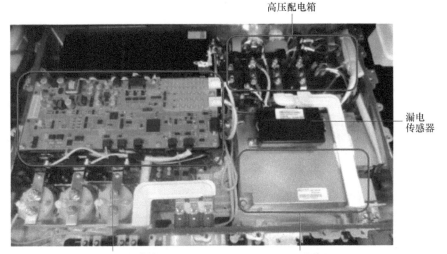

图 5-15　高压配电系统内部结构

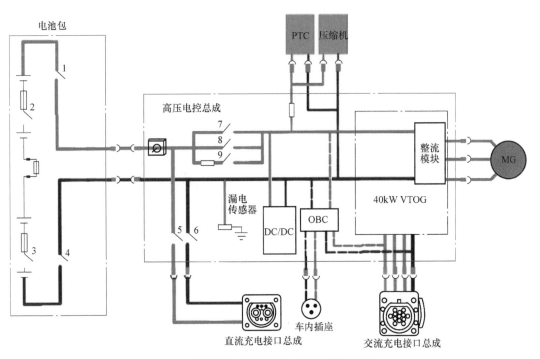

图 5-16　比亚迪 E5 高压配电控制原理

1—正极接触器　2—电池包分压接触器 1　3—电池包分压接触器 2　4—负极接触器 1
5—直流充电正极接触器　6—直流充电负极接触器　7—主接触器　8—交流充电接触器　9—预充电接触器

4. 比亚迪 E6 高压配电

比亚迪 E6 高压配电盒也称为高压配电箱，它安装在动力蓄电池后部，拆开后排座椅后可以看到。高压配电箱在完成整车高压配电的同时，还在车载充电器的配合下将充电电流导入动力蓄电池，为动力蓄电池充电。比亚迪 E6 高压配电系统如图 5-17 所示。

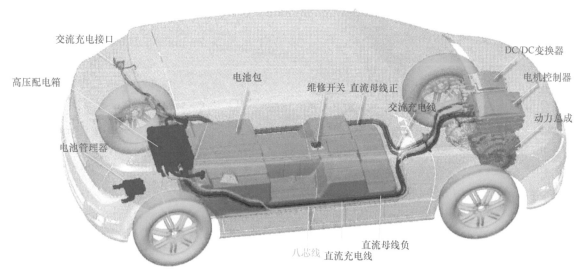

图 5-17 比亚迪 E6 高压配电系统

来自动力蓄电池的高压直流电通过高压配电箱实现电源的分配、接通和断开。高压配电箱外部接线如图 5-18 所示。

图 5-18 比亚迪 E6 高压配电箱外部接线

比亚迪 E6 高压配电箱内部主要包括高压接触器（继电器）、预充电阻、高压输出熔断器等部件，如图 5-19 所示。

比亚迪 E6 高压配电箱除了高压正、负极接触器和预充接触器外，还设有单独的充电接触器、DC/DC 预充接触器及预充电阻，其控制原理如图 5-20 所示。

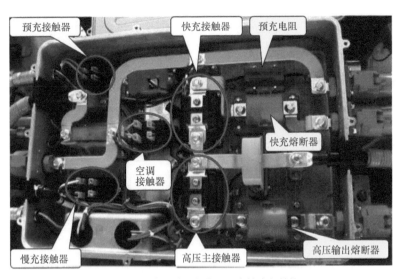

图 5-19　比亚迪 E6 高压配电箱内部结构

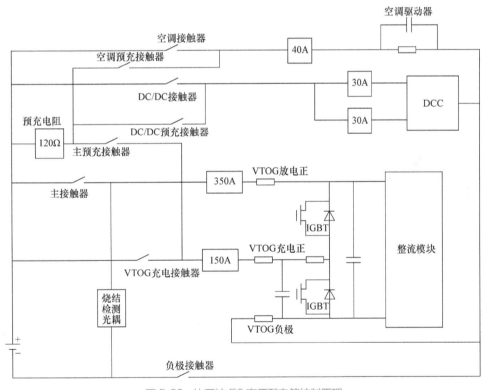

图 5-20　比亚迪 E6 高压配电箱控制原理

三、整车高压互锁控制

高压互锁回路（HVIL）也叫作危险电压互锁回路。它使用低压信号来检查整个高压产品、导线、连接器及护盖的电气完整性（连续性），可在高压回路异常断开时及时断开高压电源。当整车发生碰撞时，碰撞传感器发出碰撞信号，也会触发 HVIL 断电信号，从而使整车高压电源在毫秒级时间内自动断开，以保障用户的安全。

1. 高压互锁结构原理

高压互锁回路包括高压互锁系统、HVIL 信号回路和监测器等，如图 5-21 所示。HVIL 信号用于监测高压供电回路的完整性，它可以分为两种形式：一种形式是与高压电源线并联，并在所有高压连接器端与连接器监测器相连接，将所有的连接器串接起来组成一个完整的回路；另一种形式为各个高压部件控制器负责监测各自的 HVIL 信号，只有当高压系统的全部控制器都收到 HVIL 接通信号时，才允许接通高压电源。

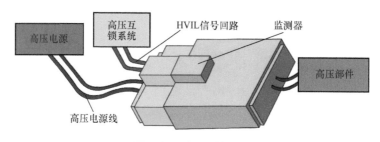

图 5-21　高压互锁回路

高压互锁装置的插接件由高压电源正、负极和中间互锁端子组成。当插接件处于接合状态时，中间互锁端子为接通状态，说明高压回路完整，如图 5-22a 所示；拔开插接件后，互锁端子为分离状态，说明高压回路被断开，如图 5-22b 所示。

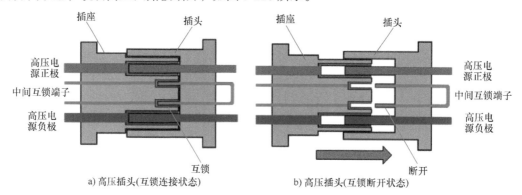

a) 高压插头(互锁连接状态)　　　b) 高压插头(互锁断开状态)

图 5-22　高压互锁装置工作原理

当新能源汽车的动力蓄电池、DC/DC 变换器、电机控制器、高压盒以及空调压缩机等高压系统连接的完整性遭到破坏时，车辆会及时启动安全措施，发出报警信号并切断高压电路，以确保人员和车辆的安全。根据监测对象不同，高压互锁监测器可分为两类：一类用于监测高压连接器的连接是否完好；另一类用于监测高压部件的保护盖是否开启。

（1）高压连接器监测器　高压连接器监测器（图 5-23）是将监测器与连接器集成为一体，利用压接的方法在连接器自锁结构上增加电气连接作为自锁回路短接信号，在断开高压母线时，该信号线也随之断开，HVIL 就会触发高压断电信号。

（2）高压部件开盖监测器　高压部件开盖监测器的结构类似于连接器，如图 5-24 所示，一端安装于高压部件保护盖上，另一端安装于高压部件主体内，当保护盖开启时，连接器也随之断开，HVIL 信号中断。在新能源汽车上，需要设置开盖监测器的高压部件主要有驱动电机控制器、DC/DC 变换器、高压配电箱、车载充电机、空调压缩机等。

图 5-23　高压连接器监测器

图 5-24　高压部件开盖监测器

新能源汽车的高压继电器为高压互锁系统切断高压电源的执行部件，在高压互锁系统识别到危险情况时应能迅速断开。系统对高压继电器的设置要求如下：

1）高压继电器的位置应尽可能地接近动力蓄电池电源侧，以减小断电时继续储能的电路长度。

2）高压继电器的初始状态应为常开状态，需要控制单元给予安全信号方能闭合，以避免高压电路误接通。

3）高压继电器复位时需要施加额外信号，只有在系统能够自行确认已排除高压危险故障后才可以复位。

4）高压继电器应具备自诊断能力，可以检测自身故障并予以显示。

5）在供电电路出现电压过低的情况时，高压继电器应该仍能正常操作。

6）高压继电器需要提供一个输出信号，提前通知其他用电负载，使其在断电前有一定的响应时间。

7）在车辆行驶过程中，高压继电器不能强行断开。

2. 高压互锁控制策略

高压互锁系统在识别到危险时，整车控制器应根据发生危险时的行车状态及故障危险程度，进行相应的控制。高压互锁系统主要的控制方式如下：

（1）故障报警　高压互锁系统在新能源汽车的任何工作状态下识别到危险时，都应当对危险情况做出报警提示。通过仪表以声光报警的形式提醒驾驶人注意车辆异常情况，并及时进行处理，避免发生安全事故。

（2）降功率运行　在车辆高速运行时，当高压互锁系统识别到危险情况后，不能马上切断高压电源，应首先通过故障报警提示驾驶人控制车辆降低运行功率，使整车的高压系统转为较小负荷区域运行，同时也给驾驶人安全靠边停车留出缓冲时间。此时，整车控制器也会主动进行降功率控制，尽量降低发生高压危险的可能性。

（3）切断高压　当车辆处于停止状态，高压系统识别到严重危险情况时，除了进行故障报警以外，还应控制高压继电器断开，切断高压电源，以确保人身和财产安全。

3. 高压互锁控制电路

（1）分体式高压互锁电路　以北汽 EV160 为例，如图 5-25 所示。

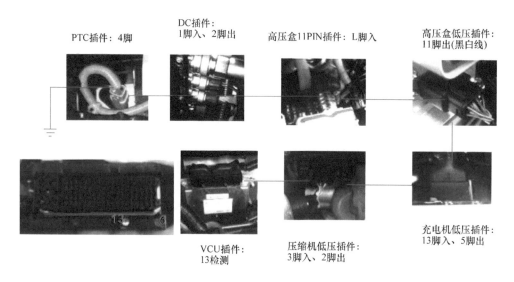

图 5-25　分体式高压互锁电路

（2）PEU 式高压互锁电路　以北汽 EU260 为例，如图 5-26 所示。

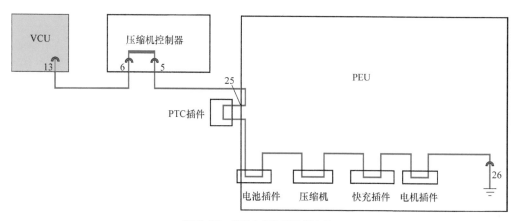

图 5-26　PEU 式高压互锁电路

四、整车高压绝缘监测

新能源汽车采用电力驱动系统，内部有几百伏的高压电，有着极高的绝缘要求。而汽车是一个不断运动的物体，受使用年限增加、系统振动、部件老化、温湿度变化等因素的影响，都有可能导致车辆整体绝缘性能的下降，不仅会影响车辆正常运行，还将危及驾乘人员的人身安全。

整车报绝缘故障后，很可能会导致整车上高压失败而无法行驶。绝缘监测功能是整车非常重要的一项功能，更是新能源汽车的标志性功能，该功能是由电池管理系统来实现的。当前主流的绝缘监测方法有电桥法和交流注入法两种：电桥法又称被动监测法，必须有高压才能进行绝缘监测；交流注入法又称主动监测法，只需 12V 低压蓄电池上电，即可完成绝缘监测功能。

动力蓄电池正、负极通过绝缘层与底盘构成电流回路，当整车绝缘电阻下降时，漏电电流就会增大，当漏电电流达到一定值时，将危及乘客安全以及整车电气系统的正常运行。新能源汽车的绝缘电阻监测系统主要是通过在正极动力电缆与底盘、负极动力电缆与底盘之间分压的方式，来测量动力电缆相对于车辆底盘的绝缘程度。为了简化结构，通常将绝缘电阻监测模块设在动力蓄电池系统内，并把绝缘电阻监测功能集成到 BMS 上，如图 5-27 所示。

动力蓄电池系统的绝缘电阻分为正极与外壳间的电阻和负极与外壳间的电阻两部分。在高压电断开的情况下，用绝缘表测量正对地和负对地的绝缘阻值，均应大于或等于 $500\,\Omega/\mathrm{V}$，否则为不合格。

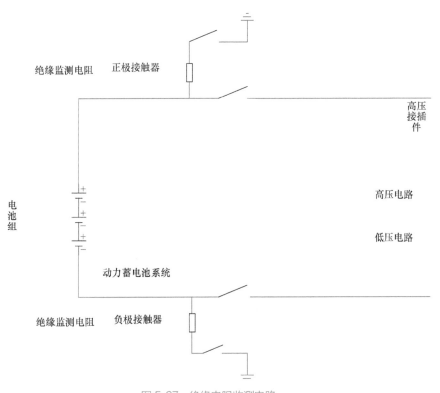

图 5-27　绝缘电阻监测电路

五、比亚迪新能源汽车整车控制系统

比亚迪 E5 通过主控制器和高压电控总成协同进行车辆控制。主控制器位于副仪表台下方，如图 5-28 所示。

主控制器主要用于采集水温传感器信号、车速传感器信号以及真空压力传感器信号，进而控制电子真空泵冷却循环系统、双散热电子风扇系统等的工作，如图 5-29 所示。

图 5-28　比亚迪 E5 主控制器

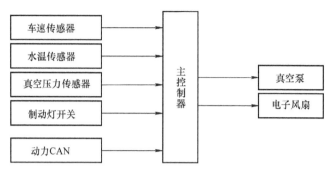

图 5-29　主控制器的功能

比亚迪 E5 主控制器设有两个低压接插件，分别为 32PIN 和 16PIN，如图 5-30 所示。其端子定义见表 5-2 和表 5-3。

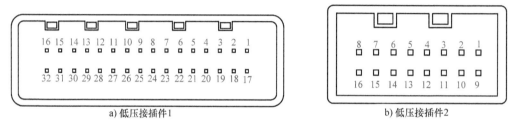

a) 低压接插件1　　　　　　　　　　　　　　b) 低压接插件2

图 5-30　比亚迪 E5 主控制器低压接插件

表 5-2　主控制器 32PIN 低压接插件端子定义

序号	端子定义	线束连接
1	空	—
2	制动信号输入	制动开关
3	空	—
4	真空泵继电器检测信号	真空泵继电器 1 脚
5	空	—
6	空	—
7	+5V 预留	—
8	+5V 预留	—
9	空	—
10	空	—
11	水温传感器信号输入	水温传感器 C 脚
12	水温传感器信号地	水温传感器 A 脚
13	真空压力传感器电源	真空压力传感器 1 脚
14	真空压力传感器信号	真空压力传感器 3 脚
15	真空压力传感器信号地	真空压力传感器 2 脚
16	12V 电源	双路电源
17	空	—

（续）

序号	端子定义	线束连接
18	空	—
19	空	—
20	信号输入（预留）	—
21	空	—
22	空	—
23	信号输入（预留）	—
24	信号输入（预留）	—
25	信号输入（预留）	—
26	车速传感器输入	车速传感器 2 脚
27	空	—
28	空	—
29	空	—
30	电源地	车身地
31	空	—
32	空	—

表 5-3　主控制器 16PIN 低压接插件端子定义

序号	端子定义	线束连接
1	CAN-L	动力网
2	真空泵起动控制 2	真空泵继电器 2 控制脚
3	IO 输出（预留）	—
4	冷却风扇低速继电器控制输出	低速继电器控制脚
5	冷却风扇高速继电器控制输出	高速继电器控制脚
6	IO 输出（预留）	—
7	空	—
8	车速信号输出 2（预留）	—
9	CAN-H	—
10	IO 输出（预留）	—
11	IO 输出（预留）	—
12	真空泵起动控制 1	真空泵继电器 1 控制脚
13	空	—
14	空	—
15	空	—
16	车速信号输出 1（预留）	—

1. 冷却系统控制

冷却系统由电子真空泵冷却循环系统、双散热电子风扇等部件组成。电子真空泵安装在驱动电机前部底端，冷却系加注乙二醇型长效防锈防冻液（常温型：冰点 -25℃，适用于南方全年及北方夏季；耐寒型：冰点 -40℃，适用于北方冬季），加注量为 6.2L。

冷却系统由主控制器进行控制，通过对水温传感器的检测并参考空调请求状态，共同决定对冷却风扇和冷凝风扇的控制，确保各系统在正常温度下工作。风扇的工作条件如下：

（1）冷却液温度 40~50℃时为低速请求；大于 55℃时为高速请求。

（2）智能功率模块（IPM）温度 53~64℃时为低速请求；大于 64℃时为高速请求；大于 85℃时报警。

（3）IGBT 温度 55~75℃时为低速请求；大于 75℃时为高速请求；大于 90℃时限制功率输出；大于 100℃时报警。

（4）电机温度 90~110℃时为低速请求；大于 110℃时为高速请求。

2. 制动系统控制

电控制动系统主要由电子真空泵、真空压力传感器、制动主缸带真空助力器等部件组成，如图 5-31 所示。该系统由主控制器进行控制，通过对真空压力传感器和制动踏板传感器的检测，实现对真空泵的控制，并在真空压力传感器发生故障时提供足够的制动力，以保证行车安全。

电子真空泵起停条件：车速 <60km/h 时，真空度低于 60 时起动，真空度达到 75 时关闭；车速≥ 60km/h 时，真空度低于 70 时启动，真空度达到 75 时关闭。

a) 电子真空泵

b) 真空压力传感器

图 5-31　比亚迪 E5 电子真空泵与真空压力传感器

比亚迪 E5 的加速踏板位置、制动踏板位置、电机旋转变压器、电机温度等信号输送至高压电控总成进行车辆控制，运算数据通过 CAN 总线与其他控制单元进行通信。用于检测车辆状态的相关参数由低压 64PIN 接插件线束完成信号传输，如图 5-32 所示，其端子定义见表 5-4。

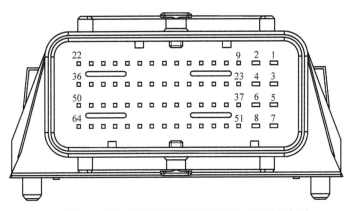

图 5-32 比亚迪 E5 高压电控总成的低压 64PIN 接插件

表 5-4 比亚迪 E5 高压电控总成的低压 64PIN 接插件端子定义

端子编号	端子定义	端子编号	端子定义
1	+12V 外部提供 ON 档电源	37	GND 制动深度屏蔽地
2	+12V 外部提供常电	38	+5V 制动深度电源 1
4	+12V 外部提供 ON 档电源	39	+5V 节气门深度电源 2
6	GND 节气门深度屏蔽地	40	+5V 节气门深度电源 1
7	GND 外部电源地	41	+5V 制动深度电源 2
8	GND 外部电源地	43	预留开关量输入 1
10	GND 巡航地	44	预留车内插座触发信号
11	GND 充电枪温度 1 地	45	GND 旋转变压器屏蔽地
12	BCM 充电连接信号	47	NET-CP 充电确认信号
13	充电控制信号 1	49	CAN-H 动力网
14	巡航信号	50	CAN-L 动力网
15	电机绕组温度	51	GND 制动深度电源地 1
16	充电枪座温度信号 1	52	GND 节气门深度电源地 2
17	制动深度 1	54	GND 节气门深度电源地 1
18	节气门深度 2	55	GND 制动深度电源地 2
19	BMS 信号	56	预留开关量输入 2
26	GND 动力网 CAN 信号屏蔽地	57	制动信号
29	GND 电机模拟温度地	59	EXCOUT 励磁 −
31	制动深度 2	60	EXCOUT 励磁 +
32	节气门深度 1	61	COS+（余弦 +）
33	预留开关量输出 1	62	COS−（余弦 −）
34	预留开关量输出 2	63	SIN+（正弦 +）
35	驻车制动信号（预留）	64	SIN−（正弦 −）

注：表中未提端子编号为空脚。

六、北汽新能源汽车整车控制系统

1. 整车控制器的主要功能

北汽新能源汽车整车控制器的主要功能如下：

1）自诊断：整车控制系统自检。

2）故障报警：通过仪表显示车辆所有电控系统故障。

3）通信：全车控制器、诊断仪器、充电桩（CAN线）等的通信。

4）驱动控制：转矩需求和旋转方向控制。

5）能量管理：放电和能量回收控制。

6）辅助系统控制：电动空调、暖风、散热风扇等的控制。

7）整车安全管理：跛行、停机保护、防误操作（不踩制动踏板时选档无效）控制。

8）整车信息管理：车载显示（仪表或多媒体）和远程监控（数据采集终端）。

2. 整车控制策略

北汽新能源汽车整车控制器控制车辆动力输出的核心流程，包括工况判断、确定需求转矩、转矩限制和转矩输出四个环节，主要控制内容如图5-33所示。信号处理的优先顺序是制动信号、转向故障、转矩需求、辅助电器。

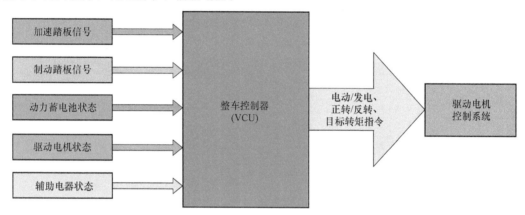

图5-33 整车控制器主要控制内容

3. 档位控制

采用旋钮式换档结构，档位控制电路如图5-34所示。

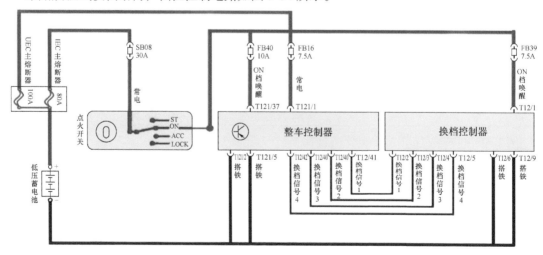

图5-34 档位控制电路

换档机构输入 VCU 的是四路模拟电压信号，信号输入后首先进行高、低有效性判断和故障诊断。旋钮式换档机构高有效判断区间为 2.8~4.95V，低有效判断区间为 0.1~0.9V。换档旋钮开关的逻辑状态见表 5-5。

表 5-5 换档旋钮开关的逻辑状态

档位	信号1	信号2	信号3	信号4
R 档	1	1	0	0
N 档	1	0	0	1
D 档	0	1	0	0
E 档	0	1	1	0
无效	—	—	—	—

4. 能量回收

北汽新能源汽车的换档旋钮上方设有能量回收按钮，可以调节能量回收的多少，其控制电路如图 5-35 所示。制动时，车辆进入能量回收模式，通过驱动电机将车辆的一部分动能转化为电能，然后存储在动力蓄电池系统中。驾驶人可以通过换档辅助按钮对制动能量回收强度进行设置，共有三个档位，即 1 档、2 档和 3 档，初始默认设置为 1 档。制动能量回收强度随档位数字的大小而增大或减小，强度最低为 1 档，其次为 2 档，最高为 3 档。制动能量回收功能激活时，行车电脑显示屏指示灯亮起，系统进入制动能量回收模式。组合仪表上制动能量回收强度档位的显示，不随 R、N、D、S 档位切换或整车故障等发生变化或熄灭，它只代表驾驶人对制动能量回收强度档位的设置结果。

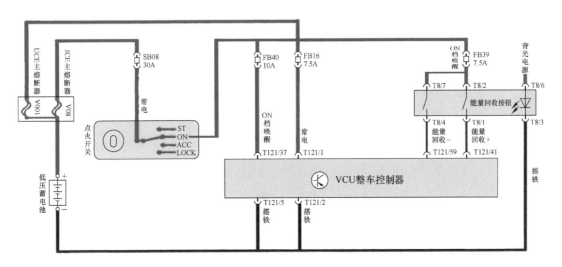

图 5-35 能量回收控制电路

能量回收按钮线束接插件端子如图 5-36 所示。

用万用表测量 2 脚和 3 脚应为电源电压；连接好能量回收按钮线束，按下"能量回收 +"时，1 脚和 3 脚之间应为电源电压；连接好能量回收按钮线束，按下"能量回收 −"时，4 脚和 3 脚之间应为电源电压，否则应更换能量回收开关。

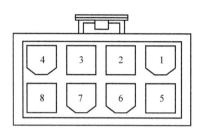

图 5-36　能量回收按钮线束接插件端子

1—能量回收＋　2、7—ON 档电源　3—搭铁　4—能量回收－　5、8—空　6—背光灯电源

5. 电子节气门系统

新能源汽车的加速踏板采用了电子节气门系统，通过踏板的旋转角度来传递驾驶人的操作意图，提高了整体系统的可靠性。利用滑片电阻测量加速踏板的偏转角度，还可以利用霍尔元件制成的角度传感器实现非接触式测量。北汽 EV160 电子节气门控制电路如图 5-37 所示。

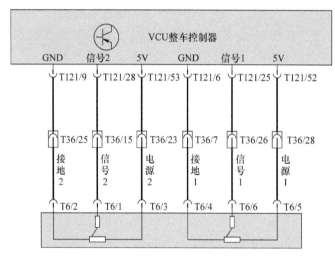

图 5-37　北汽 EV160 电子节气门控制电路

加速踏板的工作电压为 5V，工作电流约为 8mA。节气门开度为 0 时，信号 1 电压为（0.75 ± 0.1）V，信号 2 电压为（4.45 ± 0.2）V；节气门开度为 100% 时，信号 1 电压为（0.375 ± 0.05）V，信号 2 电压为（2.225 ± 0.1）V。

6. 电动真空泵

制动系统的真空助力效果关系到汽车的行驶安全。在汽车制动助力系统中，如果真空助力器不能有效地获得真空或获得的真空不足，将导致制动系统助力效果变差，从而严重影响行车安全。电动汽车采用电机驱动，取消了传统的发动机，因此采用了电动真空泵技术。它利用车载电源提供动力，推进泵体上的电机进行活塞运动，从而产生真空，为车辆的液压制动系统提供唯一、可靠的真空来源，从而有效地提高了整车的制动性能。通过真空压力传感器的检测以及逻辑判断，控制电动真空泵的运作，可以保证将助力器内的真空度维持在一定的水平，为车辆行驶提供良好的制动效能，保障了行车的安全性。

北汽 EV160 电动真空泵控制电路如图 5-38 所示。真空压力传感器工作电源电压为 5V，传感器信号输出范围为 0.5~4.5V。

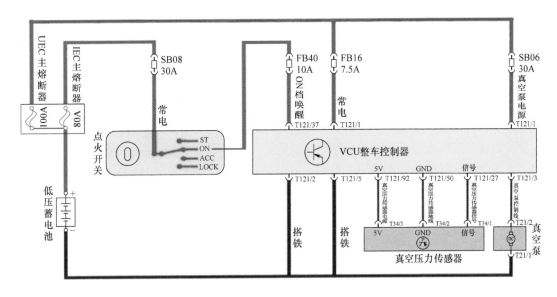

图 5-38　北汽 EV160 电动真空泵控制电路

电动真空助力系统的工作受真空压力传感器控制，当驾驶人起动车辆时，12V 电源接通，电子控制系统模块开始自检，延时模块接通闭合的真空度为 55kPa，则真空压力传感器输出相应电压值至整车控制器，控制电动真空泵开始工作；当真空度达到设定值 70kPa 后，真空压力传感器输出相应电压值至整车控制器，控制器控制真空泵停止工作；当真空罐内的真空度因制动消耗而小于设定值时，电动真空泵再次开始工作，如此循环。北汽 EV160 整车控制器数据流如图 5-39 所示。

新能源>>车辆选择 >> EV系列 >> EV160-2016款 >> 系统选择 >> 整车控制器(VCU) >> 数据流		
名称	当前值	单位
整车state（状态）	30	
里程读数	63	km
供电电压	13.6	V
加速踏板开度	0	%
制动踏板信号	释放	
档位信号	E	
整车模式变量	运行	
母线电流	2.72	A
驱动电机目标转矩命令	13.00	N·m
驱动电机目标转速命令	0.8	r/min
驱动电机当前转矩	13.00	N·m
驱动电机当前转速	396.2	r/min
电压V1(动力电池正、负极继电器内侧)	325.00	V
电压V2(动力电池负极继电器外侧，正极继电器内侧)	325.00	V
电压V3(动力电池正、负极继电器外侧)	327.00	V

图 5-39　北汽 EV160 整车控制器数据流

<h1 style="text-align:center">第三节 新能源汽车充电控制</h1>

一、交流慢充控制

新能源汽车充电系统是将国家电网的交流动力电转变为直流电给动力蓄电池充电，有交流充电桩充电和直流充电桩充电两种形式。交流充电桩的输入端连接国家电网，输出端仍以交流电的方式输送给车载充电机，然后由车载充电机转变为高压直流电，通过高压盒给动力蓄电池充电。直流充电桩的输入端连接国家电网，输出端则通过充电桩转变为高压直流电，然后经过高压盒输送给动力蓄电池进行充电。新能源汽车充电示意图如图 5-40 所示。

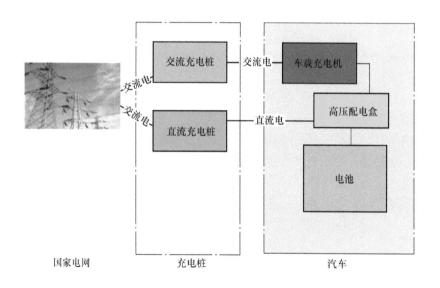

图 5-40 新能源汽车充电示意图

交流充电桩是指给新能源汽车提供交流电源的充电装置。根据安装方式，主要分为落地式、壁挂式和便携式；根据安装位置，可分为室内安装和室外安装两种类型，室外安装的充电桩，其防护等级应高一些，但其工作原理和室内安装的充电桩是一样的，都是通过充电桩给车载充电机提供 AC 220V 电压。因此，交流充电桩也可以称为交流供电设备，除了供电设备以外，还有电缆组件，即由电缆和供电插头组成的连接装置。电缆装置中具有国标要求的 CC 阻值，供电装置中也有控制引导模块，可以根据连接状态输出 CP 信号。交流充电桩的内部结构如图 5-41 所示。

交流充电桩主要由桩体、电气模块、计量模块等部分组成。桩体包括外壳和人机交互界面（HMI）；电气模块包括继电器（接触器）、控制引导电路、充电插座、电缆转接端子排、安全防护装置等；计量模块的功能主要包括刷卡通信、电量计算、金额计算、时间计算等，部件连接原理如图 5-42 所示。

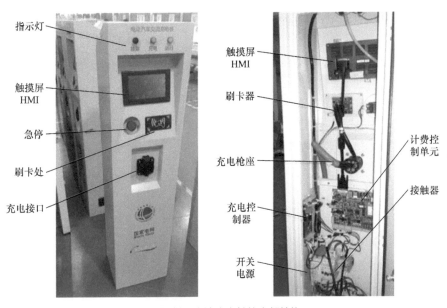

图 5-41　交流充电桩的内部结构

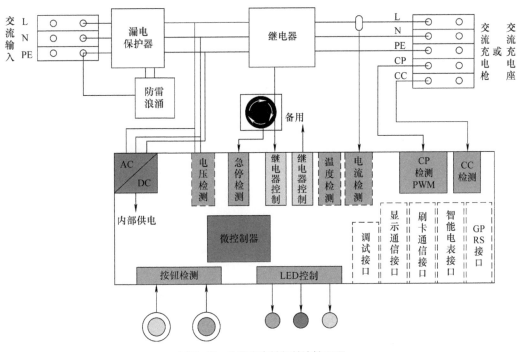

图 5-42　交流充电桩部件连接原理

1. 功能需求

（1）人机交互功能　充电桩应能自行显示或借助外部设备显示各种状态下的运行信息，并且要求显示字符应清晰、完整，没有缺损现象，不需依靠外界环境光源即可辨认。此外，充电桩还应该具备手动设置充电参数的功能。

（2）计量功能　公共充电桩应该具备电能计量功能，还需要提供实施电能表现场检定的接口。

（3）付费交易功能　公共充电桩应具备付费交易功能，实现充电控制及充电计费。可通过IC卡或二维码支付进行费用结算。

（4）通信功能　充电桩需要有与外部通信的接口，可通过LAN、WiFi、2G、3G、4G、5G及蓝牙等多种方式进行通信。

（5）安全防护功能　充电桩主要的安全防护功能和装置有急停开关、主回路负载分合电路、过负荷保护、短路保护、漏电保护、防雷装置、电子锁止装置以及接触器故障检测等。

（6）环境要求　充电桩通常的工作环境温度为−20~50℃，相对湿度为5%~95%，海拔高度不大于1000m。

（7）电源要求　额定电压为单相AC 220V/三相AC 380V，额定电流为10A、16A、32A、63A，允许电压波动范围为（220±10%）V、（380±10%）V，频率为（50±1）Hz。

2. 电路连接原理

当新能源汽车使用交流充电桩进行充电时，以连接方式C为例，首先需要通过控制导引电路进行充电连接装置的连接确认及额定电流参数的判断，如图5-43所示。

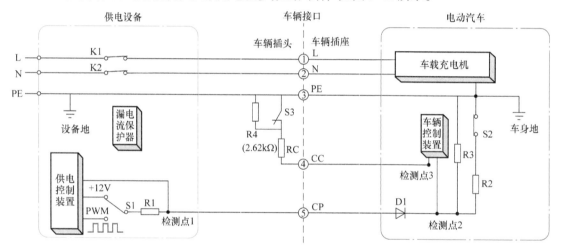

图5-43　交流充电控制导引电路与控制原理

该电路由供电控制装置，接触器K1和K2，电阻R1、R2、R3、R4和RC，二极管D1，开关S1、S2、S3，车载充电机及车辆控制装置等组成。其中，车辆控制装置可以集成在车载充电机或其他车载控制单元中，电阻R4、RC设置在充电枪插头上。开关S1为供电设备内部开关。开关S2为车辆内部开关，在车辆插座与供电接口完全连接，并且配备了电子锁的接口被完全锁止后，当车载充电机自检完成后无故障，并且电池组处于可充电状态时，S2闭合（如果车辆设有"充电请求"或"充电控制"功能，则同时应满足车辆处于"充电请求"或"可充电"状态）。开关S3为充电枪插头的内部常闭开关，与充电枪插头上的下压按钮联动（用于触发机械锁止装置），按下按钮解除机械锁止功能的同时，S3处于断开状态。控制导引电路中也可以不配置开关S2，无开关S2的车辆应采用单相充电，且最大充电电流不超过8A，对于未配置开关S2的控制导引电路，等同于开关S2为常闭状态。

（1）确认连接状态

1）车辆控制装置。当车辆控制装置端与充电枪连接后，车辆控制装置通过测量检测点3与PE之间的阻值来判断充电插头与车辆插座是否完全连接。

2）供电控制装置。当车辆控制装置端与充电枪连接后，供电控制装置通过测量检测点 1 的电压来判断充电插头和车辆插座是否完全连接。

（2）设定容量

1）充电枪枪头电阻。车辆控制装置通过测量检测点 3 与 PE 之间的阻值来确认当前充电连接装置（电缆）的额定容量。容量测定电阻 RC 的阻值等级见表 5-6。

表 5-6　容量测定电阻 RC 的阻值等级

RC 阻值 /（Ω/W）	充电电缆额定容量 /A
1500/0.5	10
680/0.5	16
220/0.5	32
100/0.5	63

2）PWM 占空比。车辆控制装置通过测量检测点 2 的 PWM 信号占空比来确认当前供电设备的最大供电电流。供电装置产生的占空比与充电电流限值的映射关系见表 5-7。

表 5-7　供电装置产生的占空比与充电电流限值的映射关系

PWM 占空比 D	最大充电电流 I_{max}/A
$D=0$（连续 −12V）	充电桩不可用
$D=5\%$	5% 的占空比表示需要数字通信，并且需要在电能供应之前，在充电桩与新能源汽车之间建立通信
$10\% \leq D < 85\%$	$I_{max} = D \times 100 \times 0.6$
$85\% \leq D < 90\%$	$I_{max} = (D \times 100 - 64) \times 2.5$，且 $I_{max} \leq 63$
$90\% \leq D \leq 99\%$	预留
$D=100\%$（连续正电压）	不允许

3. 充电过程监测

在车辆充电过程中，车辆控制装置持续对检测点 3 与 PE 之间的阻值以及检测点 2 的 PWM 信号占空比进行监测，供电控制装置则持续对检测点 1 的电压值进行监测。当充电完成或由于其他原因不能满足继续充电的条件时，充电控制装置和供电控制装置将分别停止充电的相关控制功能。

（1）确认车辆端完成连接　车辆控制装置通过测量检测点 3 与 PE 之间的阻值来判断充电枪插头和车辆插座是否完全连接。未连接时，S3 处于闭合状态，CC 未连接，检测点 3 与 PE 之间的阻值为无穷大；半连接状态时，S3 处于断开状态，CC 已连接，检测点 3 与 PE 之间的阻值为 RC+R4；完全连接时，S3 处于闭合状态，CC 已连接，检测点 3 与 PE 之间的阻值为 RC。

（2）确认供电控制装置完全连接　当供电设备无故障，且供电接口已完全连接时，供电控制装置开关 S1 从 +12V 切换至 PWM 连接状态，供电控制装置发出 9V 的 PWM 信号。供电控制装置通过测量检测点 1 的电压值来判断充电连接装置是否完全连接，车辆控制装置通过检测点 2 的 PWM 信号来判断充电连接装置是否完全连接。

（3）充电准备就绪　在车载充电机完成自检且没有故障的情况下，并且动力蓄电池有充电需求时，车辆控制装置闭合开关 S2。此时，供电控制装置检测点 1 的电压值转变为 6V 的 PWM 信号，供电控制装置通过闭合接触器 K1 和 K2 使交流供电回路导通，向车载充电机输送交流电源。

二、直流快充控制

直流充电桩是通过充电桩内部 AC/DC 充电模块，将交流电转换成直流电，给车辆的动力蓄电池充电。常见的充电功率有 30kW、60kW、120kW，输出电压等级有乘用车 DC 200~500V、商用车 DC 350~750V、通用型 DC 200~675V。

直流充电桩主要由充电模块、主控制器、防雷模块、智能电表、刷卡模块、通信模块、断路器、主继电器及辅助电源等组成，其内部结构如图 5-44 所示。

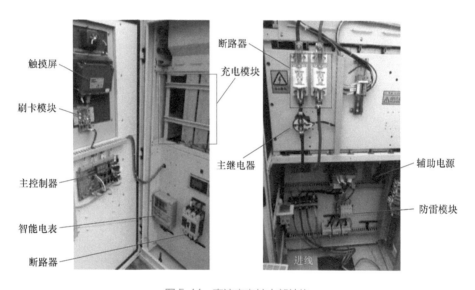

图 5-44　直流充电桩内部结构

1. 功能需求

（1）人机交互功能　具备充电电压、充电电流、充电时间、电池电量 SOC、电池单体最高/最低电压、故障报警信息以及电能计量等功能。

（2）充电设定方式　直流快充主要采用自动设定方式，在充电过程中，全程听从 BMS 的命令进行充电控制。

（3）通信功能　充电控制通信由 CAN 总线完成，遵循 GB/T 27930—2015 的要求，后台网络通信有 LAN、WiFi、2G、3G、4G、5G 等方式。

（4）环境要求　工作环境温度为 −20~50℃，相对湿度为 5%~95%，海拔高度不大于 1000m。

（5）输入交流电源要求　额定电压为三相 AC（380±15%）V，频率为（50±1）Hz。

（6）低压辅助电源（BMS供电） 工作电压为（12±5%）V时，电流为（10±1%）A；工作电压为（24±5%）V时，电流为（5±1%）A。

2. 电路连接原理

直流充电控制导引电路主要由非车载充电机控制器，电阻R1、R2、R3、R4和R5，开关S，直流供电回路接触器K1和K2，12V低压辅助供电回路接触器K3和K4，充电回路接触器K5和K6以及车辆控制器等组成。其中，车辆控制器可以集成在动力蓄电池管理系统中，电阻R2和R3设置在充电枪插头上，电阻R4设置在车辆插座上。开关S为充电枪插头内部的常闭开关，当充电枪插头与车辆插座完全连接后，开关S闭合。在整个充电过程中，非车载充电机控制装置应能监测接触器K1和K2、K3和K4的状态，车辆控制装置应能监测接触器K5和K6的状态，并控制其接通与切断。直流充电控制导引电路如图5-45所示。

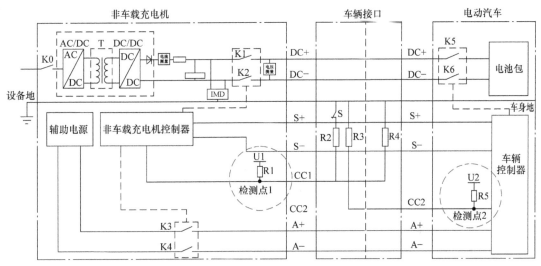

图5-45 直流充电控制导引电路

（1）车辆充电接口连接确认 当充电枪插头与车辆插座接合后，总体设计方案为首先通过互锁或其他控制措施使车辆处于不可行驶状态。非车载充电机控制装置通过测量检测点1的电压值来判断充电枪插头与车辆插座是否已完全连接，当检测点1的电压值由初始状态6V变为4V时，则判定车辆充电接口已完全连接。

（2）非车载充电机自检 在车辆充电接口完全连接后，闭合接触器K3和K4，使低压辅助供电回路导通；闭合接触器K1和K2，进行绝缘检测，此时的输出电压应为车辆通信握手报文内的最高允许充电总电压；绝缘检测完成后进入泄放回路，对充电输出电压进行泄放；非车载充电机完成自检后断开接触器K1和K2，同时开始周期发送通信握手报文。如果车辆需要使用非车载充电机提供低压辅助电源，则在得到非车载充电机提供的低压辅助电源供电后，车辆控制装置通过测量检测点2的电压值来判断车辆充电接口是否已连接；如果车辆不需要使用非车载充电机提供低压辅助电源，则直接测量检测点2的电压值来判断车辆充电接口是否已连接，如果检测点2的电压值为6V，则车辆控制装置开始周期发送通信报文。

（3）充电准备就绪 车辆控制装置与非车载充电机控制装置在配置阶段时，车辆控制装置闭合接触器K5和K6，使充电回路导通；非车载充电机控制装置检测到车辆端电池电压正常，即确认接触器外端电压与通信报文电池电压间的误差不大于5%，并大于充电机最低输出电压，且小于充电机最高输出电压后，闭合接触器 K1 和 K2，使直流供电回路导通。

（4）充电阶段 在充电阶段，车辆控制装置向非车载充电机控制装置实时发送动力蓄电池充电需求参数。非车载充电机控制装置根据动力蓄电池程度需求参数实时调整充电电压和充电电流。此外，车辆控制装置和非车载充电机控制装置还相互发送各自的状态信息，在充电过程中，车辆端应能检测 PE 针断线故障。

（5）正常条件下充电结束 车辆控制装置根据动力蓄电池系统是否达到充满状态或是否收到"充电机中止充电报文"来判断是否结束充电。在满足上述充电结束条件时，车辆控制装置开始周期发送"车辆控制装置或电池管理系统中止充电报文"，在确认充电电流小于 5A 后断开接触器 K5 和 K6。当达到操作人员设定的充电结束条件或收到"车辆控制装置或电池管理系统中止充电报文"后，非车载充电机控制装置周期发送"充电机中止充电报文"，并控制充电机停止充电，以不小于 100A/s 的速率减小充电电流，当充电电流小于或等于 5A 时，断开接触器 K1 和 K2。当操作人员实施了停止充电指令时，非车载充电机控制装置开始周期发送"充电机停止充电报文"，并控制充电机停止充电，在确认充电电流小于 5A 后断开接触器 K1 和 K2，并再次投入泄放回路，然后断开接触器 K3 和 K4。

3. 充电控制流程

充电控制流程主要包括授权、物理连接、握手、配置、充电、充电结束以及故障处理七部分，如图 5-46 所示。

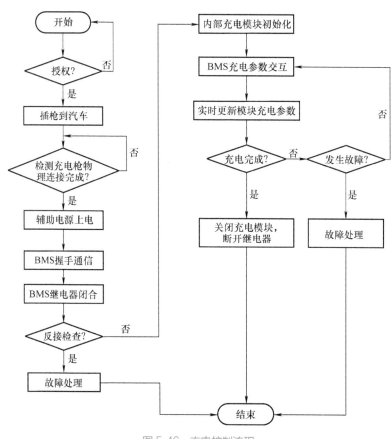

图 5-46 充电控制流程

三、DC/DC 变换器充电控制

DC/DC 变换器的主要作用是代替传统燃油车上的 12V 发电机，在行车过程中控制动力蓄电池向低压 12V 蓄电池充电，以满足车辆运行时低压用电设备的需要。DC/DC 变换器被广泛应用在 HEV、PHEV 和 EV 等车辆系统中，功率范围通常为 1.5~2.5kW。以北汽 EV160 为例，其 DC/DC 变换器上主要有高压输入端、低压控制端、低压输出正极和低压输出负极四个线束接插件，如图 5-47 所示。

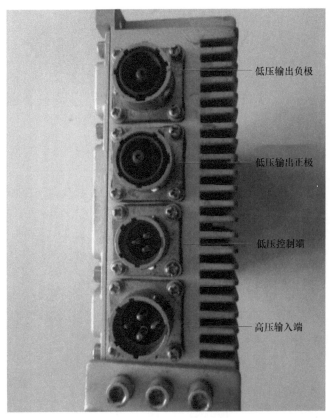

图 5-47　DC/DC 变换器线束接插件

根据结构原理不同，DC/DC 变换器可分为升压型、降压型，隔离式和非隔离式等多种类型。新能源汽车普遍采用降压隔离式 DC/DC 变换器。电气隔离就是将电源与用电回路进行电气上的隔离，即将分支电路与整个电气系统相隔离，使其成为一个在电气上被隔离的、独立的安全系统，以防止在裸露导体带电的情况下发生间接触电危险。实现电气隔离以后，两个电路在电气上没有直接联系，即两个电路之间是相互绝缘的，这样可以避免电气系统出现故障后高压电路与低压电路直接连接，保证了系统的安全性。

DC/DC 变换器主要由主电路（又叫功率模块）、驱动模块和控制模块三部分组成。来自动力蓄电池的高压直流电首先进行 DC/AC 转换，然后通过变压器进行降压，成为低压交流电，再通过整流器变为低压直流电，最后经过滤波电路输送给低压辅助蓄电池，如图 5-48 所示。

以北汽 EV160 为例，其 DC/DC 变换器控制电路如图 5-49 所示。动力蓄电池的高压电通过高压盒输入 DC/DC 变换器的高压端子，由整车控制器通过使能信号控制 DC/DC 变换器工作，当出现故障时，由单独的信号线分别将故障信息输送给组合仪表和整车控制器。

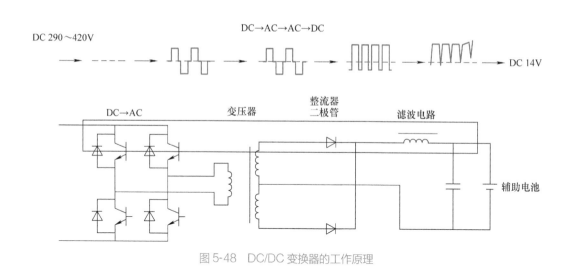

图 5-48 DC/DC 变换器的工作原理

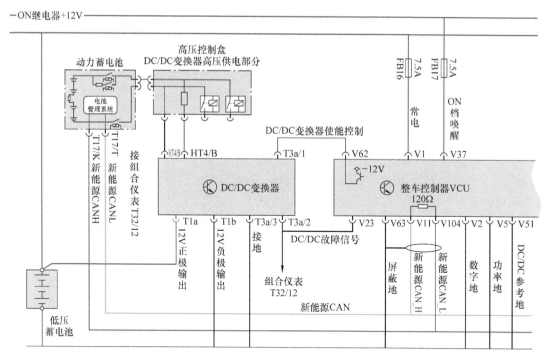

图 5-49 DC/DC 变换器控制电路

DC/DC 变换器常见故障及其维修方法见表 5-8。

表 5-8 DC/DC 变换器常见故障及其维修方法

序号	故障现象	可能原因	维修方法
1	工作指示灯正常，测量输出端无电压输出	DC/DC 变换器输出端熔丝熔断	1）点火开关置于 OFF 档 25s 后，断开 DC/DC 变换器输出端正、负极与 12V 铅酸电池的连接 2）点火开关置于 ON 档，检测 DC/DC 变换器输出端电压，若输出电压不大于 13V，则判定 DC/DC 变换器故障

（续）

序号	故障现象	可能原因	维修方法
2	DC/DC 变换器输出电压正常，工作指示灯显示不正常	DC/DC 变换器内部工作指示灯的驱动电阻故障	1）点火开关置于 OFF 档 25s 后，断开 DC/DC 变换器输出端正、负极与 12V 铅酸电池的连接 2）点火开关置于 ON 档，检测 DC/DC 变换器输出端电压，若输出电压正常（大于 13V），但指示灯仍不正常，则判定 DC/DC 变换器故障
3	DC/DC 变换器无电压输出	1）DC/DC 变换器熔丝熔断或 BMS 中 DC/DC 变换器继电器未吸合 2）DC/DC 变换器输入欠电压保护 3）DC/DC 变换器故障	1）点火开关置于 OFF 档 25s 后，首先断开 DC/DC 变换器输出端正、负极与 12V 铅酸电池的连接，再将点火开关置于 ON 档，检查 DC/DC 变换器是否正常工作 2）若 DC/DC 变换器仍不工作，则再将点火开关置于 OFF 档，25s 后断开 DC/DC 变换器高压输入端插件，然后打开点火开关，测量 DC/DC 变换器高压线束端电压 3）若高压输入端电压小于 200V，则说明 BMS 中 DC/DC 变换器熔丝熔断或继电器未吸合，需检查确认 BMS 是否正常 4）若高压输入端电压小于 250V，则可能为 DC/DC 变换器欠电压保护，应检查动力蓄电池电压是否正常 5）若高压输入端电压大于 250V，则说明 DC/DC 变换器故障

注意：测量高压输入端时，必须穿戴好高压安全防护用品，非专业人员禁止操作。

第四节　新能源汽车车载网络控制

一、CAN 总线结构原理

1. CAN 的基本概念

随着汽车上的电气设备越来越多，从传统汽车的发动机控制到传动系统控制，从行驶、制动、转向系统控制到安全保证系统及仪表报警系统控制，从电源管理到为提高舒适性而做的各种努力，使汽车电气系统成为一个复杂的大系统，并且大多数的应用功能都集中在驾驶室中进行控制。从布线角度分析，传统的电气系统采用点对点的单一通信方式，相互之间很少有联系，这样必然会造成庞大的布线系统。据统计，在一辆采用传统布线方法的高档汽车中，其导线长度可达2000m，电气节点多达上千个，从而加剧了粗大的车辆线束与汽车有限的可用空间之间的矛盾。无论是从材料成本还是从工作效率来看，传统布线方法都已无法适应汽车的发展。

汽车上通过电子控制单元（ECU）控制的零部件数量越来越多，大量的传感器和集成电路在车辆上得到广泛应用，在提高汽车动力性、经济性、舒适性和安全性的同时，也导致汽车电气系统中的电线数量越来越多，结构越来越复杂，不但降低了车辆的运行可靠性，还给故障维修增加了难度。针对这些问题，汽车厂商在借鉴计算机网络和现场控制技术的基础上，研发了适用于汽车环境的网络技术，其中应用最为广泛的是控制器局域网络（CAN）总线。它最早是由德国的 BOSCH 公司及几个半导体生产商开发的，CAN 总线属于现场总线的范畴，是一种串行通信网络。

传统的信号传输方式为一对一控制，每根线束上只能传送互相独立的信号，如图 5-50 所示。随着车辆用电设备的增多，独立信号传输的方式使得汽车线束的数量不断增多、布线日益复杂，可靠性降低，维修起来也很困难。

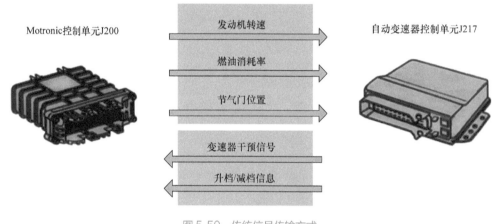

图 5-50　传统信号传输方式

CAN 总线数据传输方式是通过两条数据线实现双向数据传输，能够进行信息数据的大容量、高速度传输。原则上，CAN 总线用一条导线就足以满足功能要求了，但该总线系统上还是配备了第二条导线。在第二条导线上，信号是按相反的顺序传送的，可有效抑制外部干扰。所有的数据通过总线发送给各控制单元，由各控制单元中的信息收发器接收，然后进行相关的计算处理，如图 5-51 所示。它具有网络安全性和通信可靠性好、结构简单以及成本低的特点，特别适用于汽车计算机控制系统。

图 5-51　CAN 总线数据传输方式

2. CAN 总线结构

CAN 总线系统是将若干个控制单元并联到两条数据传输线上，每个控制单元内都设有一个微处理器、一个 CAN 控制器和一个信息收发器，除了数据传输总线以外，其他各元件都安装在各控制单元内部，如图 5-52 所示。整个 CAN 总线系统有两个 120Ω 的终端电阻，分别装在两个控制单元内部，其作用是防止 CAN 总线信号产生反射现象。当终端电阻出现故障时，产生的线路反射信号会影响控制单元的其他信号。

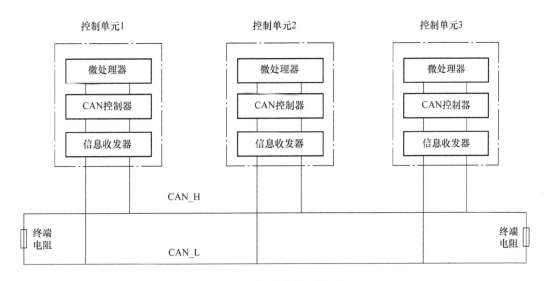

图 5-52 CAN 总线系统结构

（1）控制单元　控制单元接收来自传感器的信号，对其进行处理后再发送到执行元件上。控制单元中的重要构件之一是微处理器，其上带有输入、输出存储器和程序存储器。控制单元接收到的传感器数值会被定期查询并按顺序存入输入存储器，微处理器按事先规定好的程序来处理输入值，将处理后的结果存入相应的输出存储器内，然后送达各个执行元件。为了能够处理 CAN 信息，各控制单元内还有一个 CAN 存储区，用于容纳接收到的和要发送的信息。

（2）CAN 控制器　CAN 控制器用于数据交换，它分为两个区，一个是接收区，另一个是发送区。CAN 控制器通过接收区或发送区与控制单元相连，该控制器一般集成在各个控制单元的微处理器芯片内。

（3）信息收发器　信息收发器就是一个发送 - 接收放大器，它把 CAN 控制器的连续比特流（逻辑电平）转换成电压值（电路传输电平），或反之。然后利用这个电压值在铜导线上进行数据传输。

信息是以二进制值（一系列的 0 和 1）来表示的，因此在总线导线上就会出现两种状态：状态 1 为截止状态，晶体管截止（开关未接合），总线电平 =1；状态 0 为接通状态，晶体管导通（开关已接合），总线电平 =0，如图 5-53 所示。

3. CAN 总线数据传输原理

CAN 总线系统中传输的数据为二进制的数字信息，每条信息的格式都是相同的，由开始域、状态域、检查域、数据域、安全域、确认域和结束域七部分组成，如图 5-54 所示。

图 5-53　二进制信号的生成

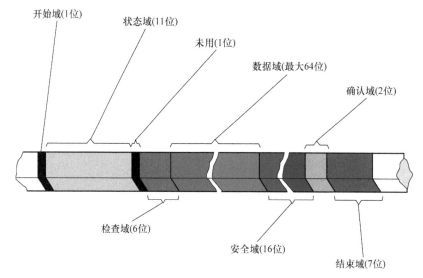

图 5-54　CAN 总线数据组成

　　每条数据都包含提供数据、发生数据、接收数据、检查数据和接受数据五个过程。当某个控制单元通过 CAN 总线向整个网络发送信息时，其他控制单元会有选择地进行接收。网络上所有控制单元都在不断地往 CAN 总线上发送各种信息，这就需要通过状态域的数值来区分优先权的大小。优先权大的数据首先发送，以保证重要信息能够及时地被接收和使用。同一控制单元发出的信息，其优先权和发送频率也不完全相同，以保证重要信息优先为原则。

　　车辆的各个系统由多个控制单元组成，这些控制单元通过收发器并联在总线导线上，因此各控制单元的条件是相同的，这就是说所有控制单元的地位均相同，没有哪个控制单元有特权，因此也称之为多主机结构。作为一种多主总线、支持分布式实时控制的通信网络，其通信介质可以是双绞线、同轴电缆或光纤。CAN 以多主方式工作，网络上任一节点均可在任意时刻主动地向网络上的其他节点发送信息，而不分主从，通信方式灵活。CAN 网络上的节点信息分成不同的优先级，可满足不同的实时要求，高优先级的节点数据具有优先权。当多个节点同时向总线发送信息时，优先级较低的节点会主动地退出发送，而最高优先级的节点可不受影响地继续传输数据。

　　为了提高数据传送的可靠性，CAN 总线系统的两条导线（双绞线）分别用于不同数据的传送，这两条导线分别称为 CAN-High 线和 CAN-Low 线。在静止状态时，这两条导线上作用有相同的预先设定值，该值称为静电平。对于 CAN 驱动数据总线来说，这个值大约为 2.5V。静电平也称为隐性状态，因为连接的所有控制单元均可修改它。在显性状态时，CAN-High 线上的电压值会升高一个预定值（对 CAN 驱动数据总线来说，这个值至少为 1V），而 CAN-Low 线上的电压值会降低一个同样的值（对 CAN 驱动数据总线来说，这个值至少为 1V）。于是在 CAN 驱动数据总线上，CAN-High 线就处于激活状态，其电压不低于 3.5V（2.5V+1V =3.5V），而 CAN-Low 线上的电压值最多可降至 1.5V（2.5V−1V=1.5V）。因此在隐性状态时，CAN-High 线与 CAN-Low 线上的电压差为 0V；在显性状态时，该差值最低为 2V，如图 5-55 所示。

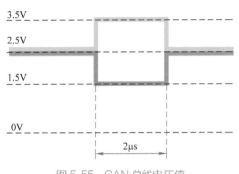

图 5-55　CAN 总线电压值

　　控制单元是通过收发器连接到 CAN 驱动总线上的，在这个收发器内有一个接收器，该接收器是安装在接收一侧的差动信号放大器。差动信号放大器用于处理来自 CAN-High 线和 CAN-Low 线的信号，除此以外还负责将转换后的信号传至控制单元的 CAN 接收区。收发器通过 TX 线（发送导线）或 RX 线（接收导线）与 CAN 控制器相连，这个转换后的信号称为差动信号放大器的输出电压。差动信号放大器用 CAN-High 线上的电压（UCAN-High）减去 CAN-Low 线上的电压（UCAN-Low），就得出了输出电压，如图 5-56 所示。

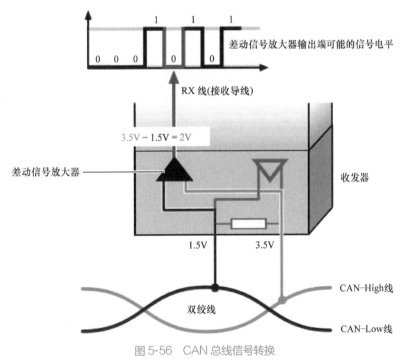

图 5-56　CAN 总线信号转换

二、汽车 CAN 总线系统

国际自动机工程师学会（原译美国汽车工程师学会，SAE）车辆网络委员会根据标准 SAE

J2057，将汽车数据传输网划分为动力系统 CAN 总线（高速）、舒适系统 CAN 总线（低速）和信息娱乐系统 CAN 总线（低速）三类。

1. 动力系统 CAN 总线

动力系统 CAN 总线也叫驱动总线，其传输速率达到了 500kb/s，主要连接发动机、变速器、制动系统和组合仪表等，它们都是控制与汽车行驶直接相关的系统。线束 H 为橙/黑色、L 为橙/棕色，如图 5-57 所示。

图 5-57　动力系统 CAN 总线

2. 舒适系统 CAN 总线

舒适系统 CAN 总线是用于车身系统的低速 CAN 总线，传输速率为 10~125kb/s，主要连接中控门锁与防盗装置、电动车窗、后视镜和车厢内照明灯等。舒适系统 CAN 总线中，线束 H 为橙/绿色、L 为橙/棕色，如图 5-58 所示。

图 5-58　舒适系统 CAN 总线

3. 信息娱乐系统 CAN 总线

信息娱乐系统 CAN 总线主要用于卫星导航及智能通信系统，传输速率大约是 100kb/s。线束 H 为橙/紫色，L 为橙/棕色，如图 5-59 所示。

图 5-59　信息娱乐系统 CAN 总线

4. 网关

不同的 CAN 总线系统，其传输速率也不相同，这就决定了它们无法使用相同的信号，相互之间无法进行数据交换，所以在动力系统 CAN 总线、舒适系统 CAN 总线和信息娱乐系统 CAN 总线之间无法进行耦合连接。这就需要在不同的系统之间能完成一个转换，这个转换过程是通过网关来实现的。根据车辆不同，网关可能安装在组合仪表内、供电控制单元内或单独的网关控制单元内。由于通过 CAN 总线的所有信息都供网关使用，因此网关也用作诊断接口。

三、新能源汽车 CAN 总线结构

1. 荣威 E50CAN 总线结构

新能源汽车 CAN 总线系统在原有本地 CAN 的基础上又增加了新能源 CAN、动力蓄电池 CAN 和快充 CAN，其结构与工作原理相同。以荣威 E50 车型为例，CAN 总线包括高速 CAN1、高速 CAN2、本地 CAN1、本地 CAN2 和 LIN 五部分，如图 5-60 所示。

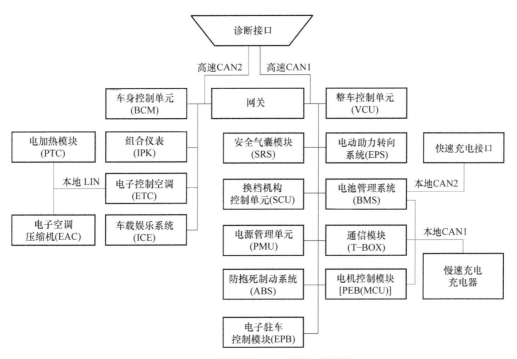

图 5-60　荣威 E50CAN 总线系统结构

2. 北汽 EU5CAN 总线结构

北汽 EU5 的整车网络系统中，整车控制器是信息控制中心，负责信息的组织与传输、网络状态监控、网络节点管理、信息优先权动态分配以及网络故障的诊断与处理。通过 CAN（EV BUS）总线协调动力蓄电池管理系统、驱动电机控制系统、空调系统等模块之间的通信，其结构如图 5-61 所示。

3. 比亚迪 E5CAN 总线结构

比亚迪 E5 整车设有启动网、舒适网、动力网和 ESC 网，通过网关进行信息交互，如图 5-62 所示。网关控制器位于副驾驶仪表台下方的杂物箱内侧，具有报文路由、信号路由和网络管理等功能。

4. 吉利 EV300CAN 总线结构

吉利 EV300CAN 总线系统有两路 CAN 通信总线，主要由整车控制器（VCU）、电子换挡器、变速器控制单元（TCU）、车载充电机、动力蓄电池控制单元（BMS）、诊断接口、远程控制器、电机控制器、组合仪表、电子稳定控制系统（ESC）、电子助力转向（EPS）、无钥匙进入系统（PEPS）、车身控制器（BCM）、电子驻车制动模块、辅助控制模块、转角传感器、安全气囊模块、低速预警系统、信息娱乐主机、空调控制面板、电动压缩机等部件组成，如图5-63所示。

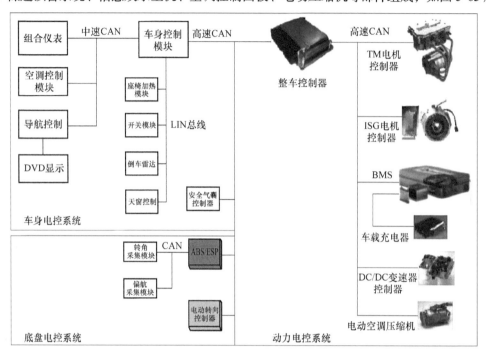

图 5-61　北汽 EU5CAN 总线结构

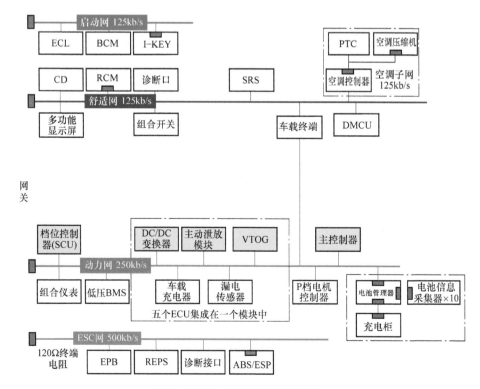

图 5-62　比亚迪 E5CAN 总线结构

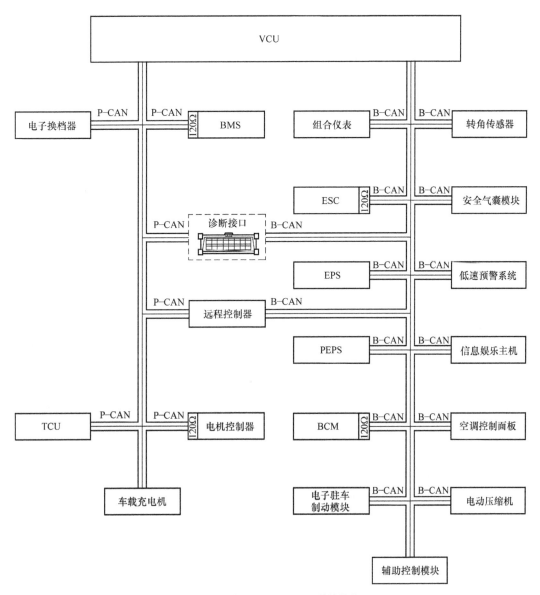

图 5-63　吉利 EV300CAN 总线结构

四、新能源汽车 CAN 总线系统常见故障

以北汽 EU5 为例，新能源汽车 CAN 总线系统的常见故障如下。

1）与驱动电机 MCU 通信丢失，见表 5-9。

表 5-9　与驱动电机 MCU 通信丢失

故障名称	与 MCU 通信丢失（180~600ms 发首帧报文）
故障代码	U011087
故障处理	1）STATE30，仪表点亮 MIL 灯，报警音二级，整车进入零转矩工况（延时 8s） 2）整车以最高不超过 15km/h 的车速行驶

（续）

可能原因	1）电磁干扰 2）CAN 总线接收器无法正常工作 3）电机控制器 CAN 发送异常
故障影响	无法高压上电或车辆行驶中无法接收到驱动电机工作状态，造成高压自检状态超时下电
维修建议	1）检查线束与接插件 2）更换控制单元

2）与电池管理系统（BMS）通信丢失，见表 5-10。

表 5-10　与 BMS 通信丢失

故障名称	与 BMS 通信丢失
故障代码	U011187
故障处理	行车工况 STATE30，仪表点亮 MIL 灯，报警音二级，整车限功率处理（延时 8s）
可能原因	1）电磁干扰 2）电池管理系统故障 3）电池管理系统节点线束故障
故障影响	无法接收到电池管理系统报文，可能导致高压无法上电，造成系统自检超时
维修建议	1）检查线束与接插件 2）更换控制单元

3）与远程终端（RMS）通信丢失，见表 5-11。

表 5-11　与 RMS 通信丢失

故障名称	与 RMS 通信丢失（ON 档和快慢充唤醒）
故障代码	U025687
故障处理	1）若车辆独立诊断功能未实现，为了保证数据存储和分析，在 STATE30 进入限速（延时 8s），仪表点亮 MIL 灯，报警音二级（临时方案） 2）若 VCU、MCU 和 BMS 独立诊断功能可以实现，则仅记录 DTC
可能原因	1）电磁干扰 2）远程监控系统故障或线束故障
故障影响	无法接收到远程监控系统报文
维修建议	1）检查线束与接插件 2）更换控制单元

4）与电动助力转向（EPS）通信丢失，见表 5-12。

表 5-12　与 EPS 通信丢失

故障名称	与 EPS 通信丢失（仅 ON 档供电）
故障代码	U013187
故障处理	1）记录 DTC 2）点亮 EPS 故障灯
可能原因	1）电磁干扰 2）EPS 故障或线束故障
故障影响	无法接收到 EPS 报文
维修建议	1）检查线束与接插件 2）更换控制单元

5）与动力控制单元（PEU）通信丢失，见表 5-13。

表 5-13　与 PEU 通信丢失

故障名称	与 PEU 通信丢失（仅 ON 档供电）
故障代码	U012887
故障处理	若处于驻车解除状态，则禁止驻车功能
可能原因	1）电磁干扰 2）PEU 故障或线束故障
故障影响	无法接收到 PEU 报文
维修建议	1）检查线束与接插件 2）更换控制单元

6）与组合仪表（ICM）通信丢失，见表 5-14。

表 5-14　与 ICM 通信丢失

故障名称	与 ICM 通信丢失
故障代码	U025887
故障处理	记录 DTC
可能原因	1）电磁干扰 2）ICM 故障或线束故障
故障影响	无法接收到 ICM 报文
维修建议	1）检查线束与接插件 2）更换控制单元

7）与车身控制器（BCM）通信丢失，见表 5-15。

表 5-15　与 BCM 通信丢失

故障名称	与 BCM 通信丢失
故障代码	U014087
故障处理	记录 DTC
可能原因	1）电磁干扰 2）BCM 故障或线束故障
故障影响	无法接收到 BCM 报文
维修建议	1）检查线束与接插件 2）更换控制单元

8）与电子气候控制（ECC）通信丢失，见表 5-16。

表 5-16　与 ECC 通信丢失

故障名称	与 ECC 通信丢失
故障代码	U025987
故障处理	记录 DTC
可能原因	1）电磁干扰 2）ECC 故障或线束故障
故障影响	无法接收到 ECC 报文
维修建议	1）检查线束与接插件 2）更换控制单元

9）与 DC/DC 变换器通信丢失，见表 5-17。

表 5-17　与 DC/DC 变换器通信丢失

故障名称	与 DC/DC 变换器通信丢失
故障代码	U029887
故障处理	记录 DTC
可能原因	1）电磁干扰 2）DC/DC 变换器故障或线束故障
故障影响	无法接收到 DC/DC 变换器报文
维修建议	1）检查线束与接插件 2）更换控制单元

10）总线关闭，见表 5-18。

表 5-18　总线关闭

故障名称	总线关闭
故障代码	U007388
故障处理	不允许 CAN 总线控制器自动复位，进入 BUS-OFF 后，每隔 50ms 尝试复位一次，每复位一次计数器累加 1。如果计数器等于 10，则节点每隔 1s 尝试复位一次
可能原因	1）电磁干扰 2）控制器故障或线束故障
故障影响	根据出现故障的零部件功能不同，可能导致部分功能失效或整车瘫痪
维修建议	1）断开蓄电池负极 1min 后，检测终端电阻是否为（60±5）Ω 2）测量 CAN-H、CAN-L 信号对地和对电源有无短路情况 3）排查电磁干扰的影响 4）更换控制单元

第五节　新能源汽车监控平台

一、新能源汽车监控平台的作用

如今的汽车已经不再是一种单一的交通工具，越来越多的科技元素逐渐体现在各厂商的新款车型中，车联网已经和物联网一样，成为许多汽车厂商和用户共同关注的领域。车辆远程监控系统能够为整车厂家的研发部门提供数据积累，为售后服务部门提供故障信息，同时也满足了政府部门对新能源汽车的监控要求。

随着新能源汽车保有量的持续增长，老旧车辆不断增多，事故频率明显提高，新能源汽车的安全问题受到了国家的高度重视。2016 年，我国发布 GB/T 32960《电动汽车远程服务与管理系统技术规范》，要求建立国家、政府、企业三级新能源汽车监控平台，实现数据的实时采集与传输。因此，建设新能源汽车监控平台既能满足国家的监管要求，同时也能保障公众生命安全、提升应用效果。新能源汽车监控平台通过车载终端实时获取新能源车 CAN 总线上的车辆状况数据和故障状态，结合 GPS 传感器获取的定位信息，最后通过 GPRS/3G/4G/5G 网络传输到平台上。可以实现对车辆的安全监控，同时可以为新能源汽车用户提供充电、车况查询、远程诊断等服务。电动汽车监控平台系统架构如图 5-64 所示。

二、监控平台的基本结构

根据 GB/T 32960 的定义，电动汽车远程服务与管理系统是对电动汽车信息进行采集、处理和管理，并为联网用户提供信息服务的系统，由公共平台、企业平台和车载终端三部分组成。公共平台是国家、地方政府或指定机构建立的、对管辖范围内的电动汽车进行数据采集和统一管理的平台。企业平台是整车企业自建或委托第三方技术单位，对服务范围内的电动汽车和用户进行管理，并提供安全运营服务与管理的平台。车载终端是指安装在电动汽车上，采集和保持整车及系统部件的关键状态参数，并发送到平台的装置或系统。

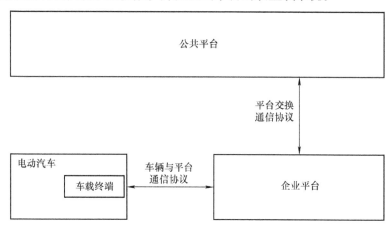

图 5-64　电动汽车监控平台系统架构

1. 车载终端

车载终端也叫数据采集终端，它能够与整车控制器（VCU）通过 CAN 总线进行通信，服从 VCU 的控制命令，获取整车相关信息。车载终端采用"行程长度编码"压缩机制，对 CAN 数据进行压缩，以减少对存储空间的占用，同时节约网络宽带资源与流量，加快数据传输速度。车载终端的主要功能如下：

1）车载终端能够利用 GPS 对车辆进行定位，并能够准确地提供时间和日期，与标准时间的误差在 24h 内为 ±5s。

2）车载终端能够将大量数据（最大 8GB）存储到本地移动存储设备 SD 卡中，经存储的数据可由分析处理软件读取和分析。

3）车载终端能够将信息按照规定的时间和数据量，以无线通信 GPRS 的方式发送到服务平台。在此信息传输过程中，要保证信息的正确性，并且不能将信息丢失，还需要做到信息的保密，使无线通信的信息不被他人窃取。

4）车载终端可在本地保存车辆最近一段时间的运行数据，作为"黑匣子"提供车辆故障或事故发生前的数据信息。

5）盲区补传。车载终端支持在通信网络不畅的情况下，自动将数据保存至采集终端 flash 存储区域，待网络正常后，自动/人工将数据上传至服务平台。

6）自检功能。当检测到 GPS 模块、主电源等出现故障时，会主动上报警情至监控中心，辅助设备进行检修。

7）远程升级。支持远程自动升级功能，自动接收来自服务平台的升级指令并完成软件升级，必要时，可借助车载终端通过 CAN 协议对车辆进行软件升级。

按照 GB/T 32960.3—2016 中的要求，车载终端应以不超过 30s 的最大间隔时间，将采集到的实时数据保存在存储介质中；当出现 3 级报警时，车载终端按照最大不超过 1s 的时间间隔存储数据。车载终端在外部供电异常断电后应仍可独立运行，且至少要保证将外部供电断开前

10min 的数据上传到企业平台，如图 5-65 所示。

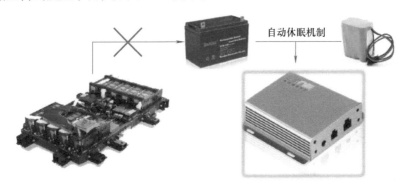

图 5-65　车载终端断电保护

2. 监控平台

（1）企业平台　企业平台应与车载终端进行通信，具备车辆故障监控和安全报警功能，根据可能对车辆造成的安全隐患严重程度，对故障进行分级管理，并设置相应的处置措施。企业平台定期将故障和报警的处置措施、处置进度及结果上报至公共平台。

（2）公共平台　公共平台具备整车企业使用的信息录入及维护功能，并对企业录入信息进行审核。公共平台从企业平台获取车辆行驶、充电等运行数据，并进行相应的监管和数据分析；同时具备故障报警和报警处置措施、处置进度及结果的统计与分析功能，公共平台之间还具备信息交换的功能。

三、监控平台实车应用

车载数据采集终端是一个电子控制单元，如图 5-66 所示。它能够实时监控并存储车辆的电池信息、电机控制器信息、整车信息、车辆运行状态信息以及故障信息等内容。远程管理服务平台实现对车辆的远程监控、故障诊断和信息服务。用户可以通过浏览器登录远程管理服务平台，对车辆进行管理以及获取相应的服务信息。

图 5-66　车载数据采集终端

车载数据采集终端上有多个指示灯，每个指示灯代表不同的工作状态，见表 5-19。

表 5-19　车载数据采集终端指示灯说明

序号	指示灯名称	颜色	状态	说明
1	RUN	红色	闪烁（1Hz）	终端运行正常
			其他	终端运行故障
2	GPRS	绿色	亮	GPRS 已登录
			灭	GPRS 未登录
3	GPS	绿色	亮	GPS 已定位
			灭	GPS 未定位
4	CAN1	绿色	亮	CAN1 接收到数据
			灭	CAN1 未接收到数据
5	CAN2	绿色	亮	CAN2 接收到数据
			灭	CAN2 未接收到数据
6	SD	绿色	亮	SD 卡正在记录数据
			闪烁（1Hz）	SD 卡暂停记录数据
			闪烁（2Hz）	SD 卡未格式化或容量已满
			灭	无 SD 卡或 SD 卡加锁（只读）

以江淮新能源汽车车辆远程监控系统为例，在主界面输入用户名和密码后，即可开启汽车远程信息服务系统，然后输入某一车辆底盘编号的后 8 位查询该车的运行数据，如图 5-67 所示。

图 5-67　车辆远程监控系统

1. 远程监控系统操作界面

车辆远程监控系统的操作界面主要包括用户功能区、终端快捷搜索栏、页面导航、菜单导航和页面内容五个区域。

（1）用户功能区　用户功能区主要用来显示登录信息和用户功能按钮，可以查看系统通知、用户邮件和退出系统。

（2）终端快捷搜索栏　在终端快捷搜索栏中输入终端号并按 <Enter> 键，即可快速查询并显示该终端信息。

（3）页面导航区域　页面导航区域显示当前打开的页面名称。

（4）菜单导航区域　菜单导航区域是有分级层次的导航菜单，选中要打开的页面后，页面内容将显示在右侧的页面内容区域内。

（5）页面内容区域　进入车辆远程监控系统后，在页面内容区域的客户端列表中单击图标，选定想要观察的客户端，然后在选用实时监控、历史数据等功能时，都能看到该客户端相应的数据信息。

2. 实时监控信息

车辆远程监控系统实时监控车辆的运行数据信息，由客户端根据设置的策略进行数据上传，信息平台将收集到的数据进行分类实时显示。主要包括综合信息、整车信息、极值信息、电压报表、温度报表、电压状态图、温度状态图、总电压电流状态图以及卫星定位信息等内容。

（1）综合信息　综合信息是指常用监控数据的集合。监控数据主要包括档位、充放电状态、总电压、总电流、SOC、电池组平均温度、电机控制器温度、最高电压、最低电压、电机电压、电机电流、电机转速以及运行模式等信息。综合信息显示方式示例见表 5-20。

表 5-20　综合信息显示方式示例

综合信息	整车信息	极值信息	电压报表	温度报表	温度状态图	卫星定位信息
数据上报时间：						

档位	充放电状态	总电压	总电流	SOC	电池组平均温度

最高电压	最低电压	电机控制器温度	电机电压	电机电流	电机转速

（2）整车信息　整车信息监控数据包括档位、充放电状态、总电压、总电流、SOC、电池组平均温度、电机控制器温度、电机电压、电机电流、电机转速以及运行模式等内容。

（3）极值信息　极值信息监控数据主要包括最高电压电池组序号、最高电压单体蓄电池序号、单体电池最高电压、最低电压蓄电池组序号、最低电压单体蓄电池序号、单体电池最低电压、最高温度蓄电池组序号、最高温度探针序号、最高温度、最低温度、剩余能量以及电池绝缘电阻等内容。

（4）电压报表　电压报表监控数据为各组电池的实时电压情况。

（5）温度报表　温度报表监控数据为各组电池的实时温度情况。

（6）电压状态图　电压状态图以实时图形的方式展示各组电池的电压状态。

（7）温度状态图　温度状态图以实时图形的方式展示各组电池的温度状态。

（8）总电压电流状态图　总电压电流状态图以实时图形的方式展示总电压和总电流的变化趋势。

（9）卫星定位信息　卫星定位信息监控数据为车辆GPS卫星定位信息，主要包括经度、纬度、速度、方向、定位状态以及地图显示的车辆当前位置等信息。

（10）历史数据　历史数据提供对车辆运行历史数据的查询检索功能，主要包括整车信息、极值信息、蓄电池电压、蓄电池温度以及卫星定位等历史数据。

（11）统计图表　统计图表是指根据车辆运行数据形成各类图表，协助用户进行数据对比和分析工作。主要包括电池电压对比统计图、电池温度对比统计图、电池包电压对比统计图、电池电压电流对比统计图、总电压变化情况统计图、总电流变化情况统计图以及SOC变化情况统计图等。

（12）报警信息　报警信息用来查询车载终端上报的报警信息，包括实时报警信息监控和历史报警信息查询两项内容。实时报警信息监控功能能够实时在线诊断，主动识别车辆的潜在故障，向用户发出人性化保养提示。历史报警信息查询功能能够按指定时间段查询车载终端的历史报警记录。报警信息根据故障的严重程度分为警告、一般、重要和严重四个等级。

第六章

新能源汽车空调系统结构原理与维修

第一节　空调系统基础知识

　　根据 GB/T 21361—2017《汽车用空调器》中的定义，汽车用空调器是指由压缩机、冷凝器、节流元件、蒸发器、风机及必要的控制部件构成的，用于调节汽车室内的温度、湿度，给乘员提供舒适环境的空调系统。

　　汽车空调系统是用来改善汽车乘坐舒适性的设备，可以对车内空气的温度、湿度进行调节，并保持车内的空气清洁，使乘员有一个舒适的温度环境。舒适温度是指某一环境在给定人体活动量、衣着热阻值及环境温度的条件下满足舒适要求的当量温度，即人体感觉最舒适的温度。根据国内外的试验，在夏季，人们感到最舒适的气温是 19~24℃，冬季是 17~22℃。当环境温度超过舒适温度的上限时，人会感到热；若超过 37℃，则会感到酷热。相反，当环境温度低于舒适温度的下限时，人会感到凉、冷；若低于 0℃，则会感到严寒。汽车空调系统可以根据车外环境和乘员需求进行驾驶室内的温度调节，改善乘员的驾乘感受，按功能可分为制冷系统、暖风加热系统、空调通风与空气净化系统以及控制系统（控制器）等几个主要组成部分。

一、空调制冷系统

1. 基本结构

　　汽车空调制冷系统主要由压缩机、冷凝器、蒸发器、储液干燥器、孔管或膨胀阀、高低压管路、鼓风机和控制电路等组成，如图 6-1 所示。各部件之间采用铜管或铝管以及高压橡胶管连接成一个密闭系统。制冷系统工作时，制冷剂以不同的形态在这个密闭系统内循环流动，完成制冷工作。

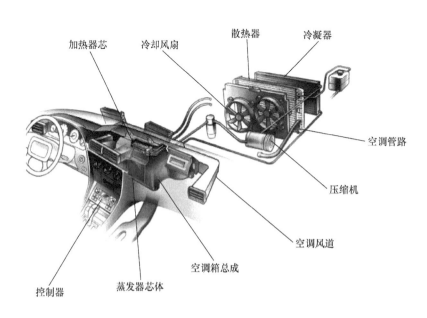

图 6-1　空调制冷系统结构

2. 工作原理

汽车空调制冷系统的工作过程包括压缩过程、散热过程、节流过程和吸热过程四部分，如图 6-2 所示。

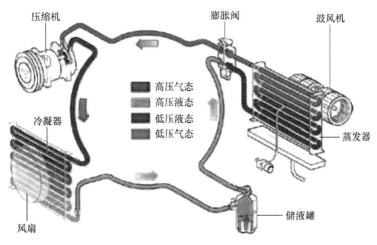

图 6-2　空调制冷系统工作原理

（1）压缩过程　压缩机工作时，首先吸入蒸发器出口处的低温低压制冷剂气体，把它压缩成高温高压的气体。

（2）散热过程　高温高压的制冷剂气体进入冷凝器进行散热，由于压力及温度的降低，制冷剂气体释放大量的热能，此时冷凝成液体形态。

（3）节流过程　温度和压力较高的制冷剂液体通过孔管或膨胀阀节流后，体积瞬间变大，压力和温度急剧下降，由液态转化为雾状。

（4）吸热过程　雾状制冷剂进入蒸发器后，由于此时制冷剂的沸点远低于蒸发器内的温度，因此雾状制冷剂蒸发成气体，在蒸发过程中大量吸收周围的热量，然后低温低压的制冷剂气体又进入压缩机。上述过程周而复始地进行下去，便可达到降低驾驶室蒸发器周围空气温度的目的。

二、暖风加热系统

汽车的暖风加热系统可以将车内的空气或从车外吸入车内的空气加热，提高车内的温度。暖风加热系统有多种类型，根据热源不同可分为热水取暖系统和燃气取暖系统等。目前，轿车及小型车辆上主要采用热水取暖系统，大中型车辆上主要采用燃气取暖系统。

1. 热水取暖系统

热水取暖系统的热源通常采用发动机冷却水，将加热后的冷却水引入驾驶室内的暖风水箱（加热器芯），再通过鼓风机将车内的冷空气吹过暖风水箱进行空气加热，使车内温度上升，如图 6-3 所示。

2. 燃气取暖系统

大中型客车的车内空间比普通轿车大很多，仅依靠发动机冷却水的热量远远满足不了加热需求，需要采用专门的燃气加热系统，通过燃料的燃烧产生热量，再转化成对驾驶室的取暖，其结构如图 6-4 所示。

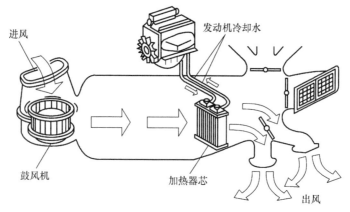

图 6-3 热水取暖系统

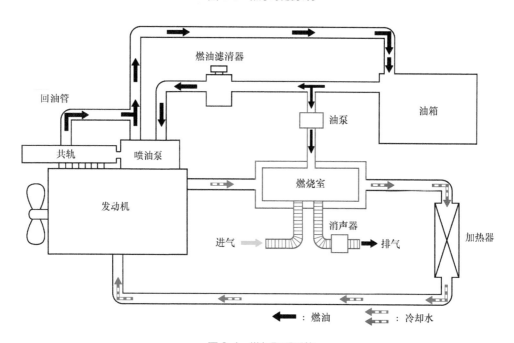

图 6-4 燃气取暖系统

三、空调通风与空气净化系统

1. 空调通风系统

汽车空调通风系统主要包括鼓风机、空气混合风门、进气模式风门、暖风热交换器、蒸发器以及各个风口，如图 6-5 所示。

（1）内循环模式 内循环模式是指利用车内空气循环，将车厢内部空气作为载体，使其通过热交换器或蒸发器进行升温或降温，产生温度变化的空气在车厢内部反复循环。这种模式消耗的能量少，但从卫生的角度看不是很理想。

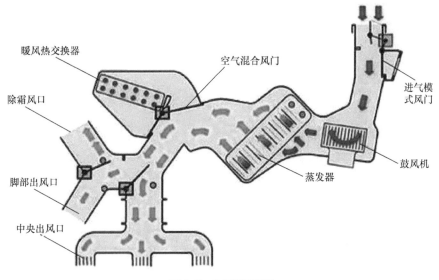

图 6-5 空调通风系统

（2）外循环模式 外循环模式是指利用车外空气循环，将车外新鲜空气作为载体，使其通过热交换器或蒸发器进行升温或降温，产生温度变化的空气再进入车厢内。这种模式的能量消耗较大，但卫生情况理想。

（3）内外混合模式 内外混合模式是指既引进车外新鲜空气，又利用部分车内的原有空气，以新旧混合空气为载体，使其通过热交换器或蒸发器进行升温或降温，产生温度变化的空气再进入车厢内。

2. 空气净化系统

（1）过滤除尘 主要采用无纺布、过滤纤维等材料制成的干式过滤器对进入车内的空气进行过滤，即通常所说的空调滤清器。对于较大的灰尘颗粒，可以通过孔隙直接进行阻挡；微小颗粒在和纤维接触时沉积下来，通过摩擦产生的静电作用被吸附在滤清器表面。汽车空调滤清器如图 6-6 所示。

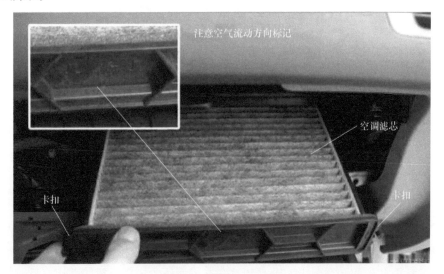

图 6-6 汽车空调滤清器

（2）**静电除尘**　静电除尘是利用高压电极产生高压电场，对空气进行电离使灰尘颗粒带电，然后在电场作用下产生定向运动并沉降在正、负电极上，从而实现对车内空气的过滤。静电除尘空气净化器主要由电离部、集尘部和活性炭吸附器三部分组成，如图 6-7 所示。

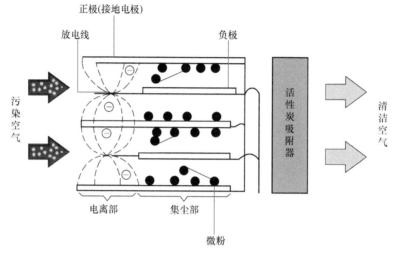

图6-7　静电除尘空气净化器

四、空调控制器

汽车空调控制器通过采集车辆行驶状态、车内温度、车外温度、蒸发器温度、发动机水温、阳光强弱等信号，并依据乘员的设定需求调节车内温度、风量大小以及出风模式等。很多车型的空调控制器通常与空调操作面板集成为一体，如图 6-8 所示。

图6-8　空调控制器

随着汽车智能化程度越来越高，新能源汽车普遍具有远程控制功能。以北汽新能源 EX 系列车型为例，其空调控制方式分为车内控制和远程 APP 控制两种。这两种控制方式只是在输入终端上有所区别，其余均是通过 VCU 和空调控制器来控制空调系统的工作，具体控制策略如图 6-9 所示。

1. 车内控制

在车辆 READY 后，空调控制面板将通过 CAN 线将驾乘人员输入的信息传递给空调控制器，空调控制器据此来起动空调压缩机或 PTC，并控制各个风门电机的动作，最后将空调控制面板上的操作信息显示在中控液晶显示屏上。当驾乘人员通过空调控制面板输入关闭空调系统的指令时，VCU 断开空调控制继电器，停止空调系统的工作。

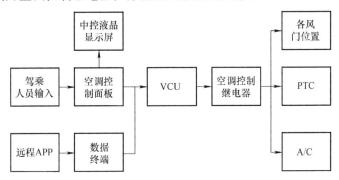

图 6-9　空调系统控制策略

2. 远程 APP 控制

通过车载数据终端唤醒 VCU，再由 VCU 唤醒空调控制器、空调压缩机或 PTC 加热器。然后，空调控制器根据数据终端传来的信息起动空调压缩机或 PTC 按照既定的模式运行。在远程 APP 控制模式下，空调出风量、风门位置和温度等参数对应于制冷或加热，系统会有一个固定值，不可以选择。当远程 APP 控制发出停止指令或达到系统默认的最大运行时间时，VCU 将断开空调控制继电器，从而停止空调系统的工作。

第二节　新能源汽车电动空调系统

一、电动空调制冷系统

根据 GB/T 22068—2018《汽车空调用电动压缩机总成》的定义，电动压缩机总成是指由电动机驱动、用于蒸汽压缩制冷循环的汽车空调系统的半（全）封闭式容积式制冷压缩机总成，包括电动压缩机本体部分和驱动控制器。驱动控制器是与汽车主电源连接，用于控制直流电源与压缩机电动机之间能量传输和转换的装置，由外界控制信号接口电路、电动机控制器电路和功率驱动电路以及保护电路组成。

1. 空调系统的组成

新能源汽车的空调系统与传统燃油车的空调系统大致相同，主要由空调箱体、空调管路、电动压缩机、冷凝器、空调控制面板及相关传感器等部件组成，如图 6-10 所示。两者最大的区别在于空调压缩机，新能源汽车的空调压缩机不再靠发动机驱动，而是通过高压电池提供的电能驱动其运转。

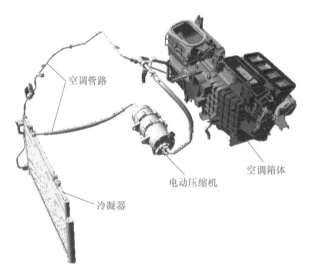

图6-10　新能源汽车空调系统的组成

电动空调压缩机由交流电驱动，但新能源汽车动力蓄电池为高压直流电，需要通过逆变器使直流电转成交流电，再由变频器控制交流电的频率，频率越高，即电动压缩机的转速越高。其转速可以通过空调控制器进行调节，转速调节范围为0~4000r/min，既保证了良好的制冷效果，又节省了电能。新能源汽车电动空调压缩机如图6-11所示。

图6-11　新能源汽车电动空调压缩机

2. 空调系统的工作原理

电动空调压缩机从蒸发器中抽出气态制冷剂，然后将其以高压气态的形式压入冷凝器；高压气态的制冷剂经过冷凝器时释放热量转变为液态，液态制冷剂流经膨胀阀时在节流的作用下以雾状的形式进入蒸发箱，在蒸发箱内吸收大量的热量迅速蒸发，转为低温低压的气态形式，再次被空调压缩机抽走，如此循环。与此同时，蒸发箱附近被冷却的空气通过鼓风机吹入车厢，达到给车厢内降温的目的。

新能源汽车大多采用漩涡式电动空调压缩机，驱动控制器与压缩机整合为一体，如图6-12所示。

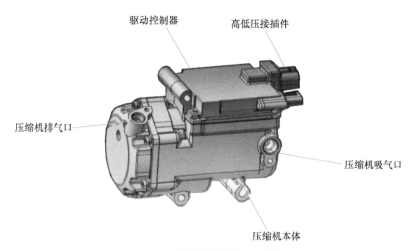

图 6-12　整体式电动空调压缩机

漩涡式压缩机的主要部件包括一个定涡盘和一个动涡盘，这两个相互啮合的涡盘线型相同，相互错开 180° 安装在一起，如图 6-13 所示。定涡盘固定在机架上，动涡盘由电动机直接驱动。动涡盘不能自转，只能围绕定涡盘做回转半径很小的公转运动。当驱动电动机旋转，带动动涡盘公转时，制冷剂气体通过滤芯吸入定涡盘的外围部分，随着驱动轴的旋转，动涡盘在定涡盘内按轨迹运转，使动涡盘与定涡盘之间的工作腔体积逐渐缩小，制冷剂气体被压缩，最后从定涡盘中心孔通过阀片连续排出。

图 6-13　涡盘结构

空调控制器是整个空调系统的核心部件，空调驱动器接收空调控制器的信息来控制空调压缩机和 PTC 加热器。空调控制器接收来自各个传感器以及空调控制开关的信息，经过运算处理后向空调驱动器和其他执行部件发送指令，完成车内温度的调节工作。新能源汽车空调系统控制原理如图 6-14 所示。

下面以比亚迪 E5 为例，说明空调系统散热风扇的控制逻辑。当空调起动，且 ECU 检测到中压开关低电平信号后，控制风扇高速运转。开启压缩机的同时，空调控制器检测系统压力值，并向控制器请求散热风扇档位，当空调系统压力小于 2.7MPa 时，发送低速档位；当空调系统压力大于或等于 2.7MPa 时，发送高速档位。散热风扇由主控 ECU 进行控制，根据水温传感器信号并参考空调请求状态共同决定对散热风扇的控制，确保空调系统在正常温度下工作。散热风扇的工作条件如下：

1）冷却水温为 40~50℃时为低速请求，大于 55℃时为高速请求。

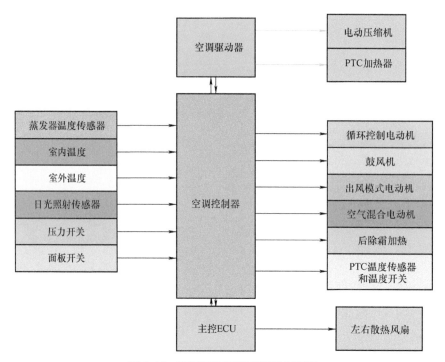

图 6-14　新能源汽车空调系统控制原理

2）智能功率模块温度为 53~64℃时为低速请求，大于 64℃时为高速请求，大于 85℃时发出高温报警。

3）IGBT 温度为 55~75℃时为低速请求，大于 75℃时为高速请求，大于 90℃时限制功率输出，大于 100℃发出高温报警。

4）电机温度为 90~110℃时为低速请求，大于 110℃时为高速请求。

二、PTC 加热系统

正温度系数（PTC）热敏电阻，是一种典型的具有温度敏感性的电阻，主要用于开关功能和发热功能。PTC 材料具有性能稳定、升温速度快、受电源波动影响小等特点，由其制成的各种加热产品目前已大量应用于汽车空调系统。

PTC 加热器是采用热敏陶瓷元件和波纹散热铝条经高温粘结而成的，具有热阻小、换热效率高等优点，是一种自动恒温、节省电能的电加热器产品。它最突出的特点体现在安全性能上，任何情况下都不会发生类似于电热管类加热器表面"发红"的现象，从而没有引起烫伤或火灾等安全隐患。

PTC 加热器的温度调节是靠自身材料特性，不需要专门的温度传感器进行温度反馈。加热器本体的设计加热温度在 200℃以下有多个档位，任何情况下使用均不发红且有保护隔离层。PTC 加热器的电能消耗小，高发热效率的材料也大幅提升了电能的利用效率。PTC 加热器之所以节能，是因为它的输出功率会随环境温度的升高而明显降低，在风量不变的情况下，当环境温度上升时，PTC 加热器功率下降，这一特征在一定程度上起到了自动调节功率的作用。从另一方面来讲，也可以理解为室温越低，PTC 加热器的输出功率越大，升温也就越迅速。PTC 加热器可从小功率到大功率之间任意设计，外形也可按要求设计，而且具有升温迅速、使用寿命长以及电压适用范围宽，可在 12~380V 之间根据需要进行设定等优点。

新能源汽车的制热装置主要有 PTC 水加热器和 PTC 加热器两种。

1. PTC 水加热器

PTC 水加热器包括电加热器、加热器水泵、加热器芯体等部件，如图 6-15 所示。当空调系统处于加热模式时，加热器在高压电的作用下对冷却液进行加热，高温冷却液通过水泵抽入加热器芯体，周围的空气温度上升，通过鼓风机将热量输送至空调出风口，以此提高车内温度，最后冷却液再流回储液壶，如此循环。

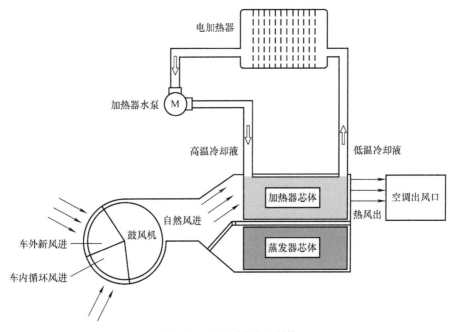

图 6-15　PTC 水加热器结构

比亚迪 E5 的供暖系统采用了 PTC 水加热器（图 6-16），其额定功率为 6kW。PTC 水加热模块内设有高压互锁端子和水温传感器，通过 CAN 总线与空调控制器进行数据传输，由动力蓄电池的高压直流电对冷却液进行加热。

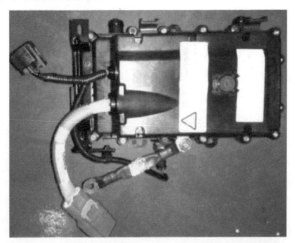

图 6-16　比亚迪 E5 的 PTC 水加热器

2. PTC 加热器

新能源汽车的 PTC 加热器安装在空调蒸发箱上面，主要由控制器、散热器、加热元件以及塑料框架等部件组成，如图 6-17 所示。

图 6-17　PTC 加热器

PTC 加热器由两组铝制半导体材料组成，空调控制器可以使它们独立或同时工作，以满足车辆的加热需求。PTC 加热器的控制原理如图 6-18 所示。

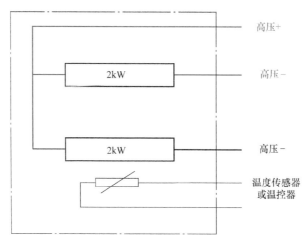

图 6-18　PTC 加热器的控制原理

空调控制器接收空调控制面板的加热请求信号，并采集车内、车外温度等信号，控制 PTC 加热器工作。空调控制器与 VCU 通过 CAN 总线完成信息交互，当发生异常时，可以及时发出警示信号并做出响应。新能源汽车各车型所采用的 PTC 加热器原理基本相同，主要技术指标见表 6-1。

表 6-1　PTC 加热器的主要技术指标

序号	项目	技术指标
1	额定电压	动力蓄电池总电压
2	额定功率 /W	3500
3	冷态最大起始电流 /A	20
4	单级冷态电阻 /Ω	80~300

三、空调系统故障维修

1. 制冷系统故障维修

新能源汽车空调系统的维修流程与传统燃油车空调的维修流程大致相同，以江淮 iEV5 车型为例，其空调系统电路原理图如图 6-19 所示。当空调系统出现故障时，按照以下流程进行检修。

（1）测量系统压力　在空调不开启的情况下，平衡压力为 0.6MPa，如果管路压力过高或过低，则压缩机无法工作。如果压力正常，则进行下一步检查。

（2）检查空调高压供电　检查高压接线盒内制冷断路器是否熔断，若熔断，则直接更换新的断路器；如果断路器正常，则说明空调高压供电正常，需要进行下一步检查。

（3）检查 AC 开关　当按下 AC 开关后，检查空调控制器是否接收到空调控制面板的起停信号。用万用表检测空调控制器 6pin 接插件的白色线端子电压，不按下 AC 开关的情况下是 12V，按下 AC 开关后变为 0V。如果无启停信号，则进行第 4 步检查；如果有启停信号，则进行第 5 步检查。

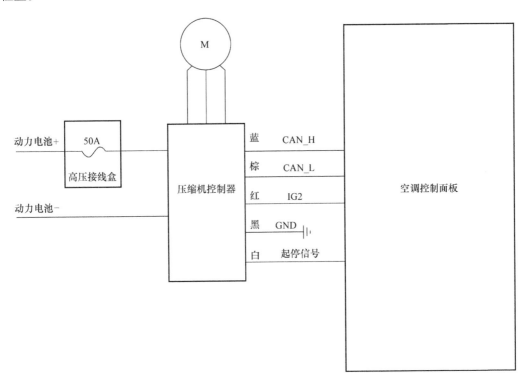

图 6-19　江淮 iEV5 车型空调系统电路原理图

（4）检查空调面板　检查空调面板的按键是否正常，面板的供电和搭铁是否正常，压力开关及相关线束是否正常，蒸发箱温度传感器及相关线束是否正常。

（5）检查空调压缩机　用万用表电阻档测量空调压缩机 3pin 引脚任意两相是否导通，如果有不导通的情况，则说明空调压缩机已损坏，需要更换总成。

如果经过以上判断各部件均正常，则说明空调控制器有故障。

2. PTC 加热器故障维修

PTC 加热器常见故障原因分析与排除方法见表 6-2。

表 6-2　PTC 加热器常见故障原因分析与排除方法

序号	故障类型	故障现象	故障原因	排除方法
1	PTC 加热器不工作	开启加热模式后，出风口仍为冷风	1）冷暖模式设置错误 2）PTC 加热器本体断路 3）PTC 控制电路断路 4）PTC 加热器断路器烧蚀 5）PTC 控制器损坏	1）检查空调冷暖设置旋钮是否选择制热功能 2）测量 PTC 本体阻值 3）检查 PTC 高压断路器 4）更换 PTC 加热器
2	PTC 加热器过热	空调出风口温度异常升高或有塑料焦糊气味	PTC 控制模块内部 IGBT 损坏，发生短路故障	切断高压电路，更换 PTC 控制模块

3. 空调维修注意事项

1）维修工作区应通风良好，不允许在封闭的空间内或接近明火的地方操作制冷剂，维修前应戴好护目镜。

2）避免液体制冷剂接触眼睛和皮肤，若不小心接触到液体制冷剂，应用冷水冲洗，并在皮肤上涂抹凡士林软膏，不能揉眼睛或擦拭皮肤，情况严重的应立即就医。

3）制冷系统中如果没有足够的制冷剂，切勿运行压缩机，以免损坏压缩机。

4）压缩机运转时严禁打开压力表高压阀门，只能打开或关闭低压阀门。

5）不同品牌的制冷剂和冷冻油不能混用。

6）拆卸空调系统时，管路接口处的 O 形密封圈必须更换，装配前应对密封圈涂抹冷冻油。

7）冷冻油具有较强的吸水性，拆开空调系统管路后，应及时密封管路接口。

8）在排放空调系统中过多的制冷剂时，排放速度不能过快，以免将系统中的冷冻油一起排放出去。

第七章
新能源汽车维护与 PDI

第一节　新能源汽车维护

一、汽车维护基本概念

根据 GB/T 5624—2019《汽车维修术语》的定义，汽车维护也叫作汽车保养，是指为维持汽车完好技术状况或工作能力而进行的作业。完成汽车维护的技术操作过程称为汽车维护作业。不同品牌的车型，其维护周期也有所差异，在随车配送的汽车保养手册中，非常清楚地说明了汽车的保养时间（或里程）、保养项目、保养方法等信息，对达到保养要求的车辆须按照相关技术要求进行汽车维护作业。

根据汽车维护技术标准，按照规定的工艺流程、作业范围、作业项目和技术要求所进行的预防性作业即为汽车的维护保养。其目的是保持车辆技术状况良好、确保行车安全、充分发挥汽车的使用效能并降低运行消耗。汽车维护可按照汽车运行间隔期、维护作业内容或运行调节等划分成不同的类别或等级，具体分类如下：

（1）日常维护　日常维护是指以清洁、补给和安全性能检视为中心内容的维护作业。

（2）周期维护　周期维护是指按照预先设定的行程间隔或时间间隔而实施的维护作业。

（3）一级维护　一级维护是指除日常维护作业外，以润滑、紧固为作业中心内容，并检查有关制动、操纵等系统中安全部件的维护作业。

（4）二级维护　二级维护是指除一级维护作业外，以检查、调整制动系、转向操纵系、悬架等安全部件，并拆检轮胎，进行轮胎换位，检查及调整发动机工况和汽车排放相关系统为主的维护作业。

（5）季节性维护　季节性维护是指为使汽车适应季节变化而实施的维护作业。

（6）走合维护　走合维护是指汽车在走合期满实施的维护作业。

二、新能源汽车维护安全注意事项

1）高压安全防护。新能源汽车有高达几百伏的高压电，高压线束统一标识为橙色，严禁用手直接触摸高压部件。

2）所有维护人员必须经过专业培训且考核合格后持证上岗，非专业人员严禁进行任何高压部件的维护保养工作。

3）工作人员进行维护保养作业时，一定要熟悉有关安全预防知识，使用必要的工具和防护设备。

4）时刻谨记系统内部存在高压，即使是在系统没有运行的情况下，断开维护接插器后，首先要用万用表确认高压端没有电压，然后才能进行下一步操作。

5）在维护保养新能源汽车时，不要佩戴金银首饰和手表等金属饰品。

6）清洗车辆时需要避开高低压部件，严禁用水直接冲洗高低压部件。

7）进行高压部件总成拆装作业时，必须使用绝缘工具，穿戴绝缘手套、绝缘鞋以及护目镜等高压安全防护用品。

8）当进行维护作业需要对高压部件进行分解时，应与厂家联系或由专业人员切断高压电源后进行，没有操作资质的人员不能打开高压部件外壳并对内部进行检测等操作。

9）在进行一般维护作业时，应严格防止高压线束的绝缘层破损漏电，无特殊情况时严禁剪断橙色高压供电线束。

10）维护作业结束后，应及时整理维护工具和物料，不要将无关物品放置在高压设备的内部或顶部。

三、新能源汽车维护项目

各新能源汽车厂家都要求车主定期对车辆进行保养，保养时间通常以车辆使用日期或行驶里程为依据，以先到者为准，维护保养细则按照随车保修手册执行。新能源汽车常见的质保期限及质保项目见表 7-1。

表 7-1　新能源汽车常见的质保期限及质保项目

类型	质保期限	质保项目
电动化部件	60 个月或 100000km	动力蓄电池总成、驱动电机、驱动控制器（带 DC/DC 功能）、减速器、高压接线盒及电缆、车载充电机、充电插头及插座、组合仪表、真空罐、真空泵控制器、整车控制器、低压配电控制器、选换档总成、一体式压缩机总成、PTC 总成、空调控制器、车辆远程监控终端
易损耗部件	3 个月或 3000km	空调滤清器、制动摩擦片、轮胎、蓄电池、遥控器电池、断路器及普通继电器（不含集成控制单元）、灯泡、刮水器片
整车部件	36 个月或 60000km	电动化部件和易损耗部件之外的所有零部件

通常汽车的维护按作业级别分为走合期维护、一级维护、二级维护和重点维护。每一级维护的间隔里程和间隔时间见表 7-2，以先到者为准。在进行各级别维护作业时，高一级别的维护包含低一级别维护的作业内容和技术要求。

表 7-2　汽车维护周期

维护分级	间隔里程 /km	间隔时间
走合期维护	≤ 2500	≤ 1 个月
一级维护	≤ 5000	≤ 1.5 个月
二级维护	≤ 30000	≤ 6 个月
重点维护	≤ 60000	≤ 12 个月

走合期维护是新车出厂后的首次维护，通常叫作首保。走合期维护以清洁和检查为主，包括清洁新能源汽车高压部件的灰尘及杂物，紧固各电气设备的接线螺母和底盘各部件的固定螺栓，检查各液面高度等内容。

一级维护和二级维护以清洁、紧固、检查、调整和检测为主。内容包括清洁新能源汽车高压舱内的灰尘、油污及杂物，紧固各高压电气设备的接线螺母，检查所有高压接插件的紧固状态，用诊断仪读取有无故障信息等。

重点维护以紧固、调整、检测和更换为主。内容包括紧固各高压电气设备的接线螺母；检查所有高压接插件的紧固状态，检查接插件内部无异物后，再检查插合接插件是否已经插合到位；按技术要求更换有使用周期要求的零部件，用诊断仪读取有无故障信息，并测量整车高压电气设备的绝缘状况。新能源汽车常规维护作业项目和技术要求见表 7-3。

表 7-3　新能源汽车常规维护项目和技术要求

序号	维护项目	作业性质	技术要求
1	整车控制器、高压盒、DC/DC变换器	清洁、检查	1）各部件安装牢固，插接件接触良好 2）各部件外观完整、表面清洁 3）各部件连接线无松动、无过热、无变色，保护套完整 4）各部件功能正常，仪表显示正常，指示灯无故障报警
2	各类开关及断路器	清洁、检查	1）各部件接触良好 2）控制开关动作灵活、启闭正常 3）表面清洁
3	动力蓄电池	清洁、检查	1）固定螺栓无松动现象，扭矩符合要求 2）电池箱体外观良好，无破损划痕、无腐蚀等 3）动力蓄电池接插件线束连接牢固、绝缘良好 4）电量存储正常，充电性能良好
4	动力电缆	清洁、检查	1）动力电缆排列整齐、安装牢固，接插件锁止装置正常，与运动部件没有干涉现象 2）动力电缆绝缘良好，无金属裸露、导电环烧蚀等现象
5	驱动电机	清洁、检查	1）驱动电机工作正常、无异响 2）线路外观良好、绝缘层无破损、连接牢固 3）进出水管无泄漏、冷却液液位正常、冷却风扇运转正常
6	制动器	清洁	1）制动踏板无卡滞现象 2）制动踏板自由行程正常
7	制动真空泵	清洁、检查	1）真空泵安装牢固，插接件接触良好 2）真空管路卡箍牢固，气路密封良好 3）真空泵与真空罐表面清洁、无破损
8	转向器	清洁、检查	1）电控助力转向器运转正常、无异响 2）转向电机和传感器插接件接触良好
9	空调压缩机、PTC加热器等	清洁、检查	1）空调系统运作正常、无异响 2）PTC加热器工作正常 3）鼓风机运转正常、无异响 4）风速、风向调节功能正常
10	路试车辆	检查	1）起步、加速、减速等工况无冲击、抖动现象 2）制动或减速时有明显的能量回收 3）仪表各信息显示正常 4）转向、制动性能良好

　　新能源汽车作为一款机电产品，随着行驶里程的增加，其零部件会逐渐发生磨损，技术状况也会不断变差，因此在车辆的使用过程中，用户应严格按照厂家要求对其进行维护保养。新能源汽车的维护保养可以分为电动化系统保养和底盘系统保养两部分，分别见表 7-4 和表 7-5。

表 7-4　电动化系统维护

维护操作		保养周期										
里程或月数（以先到者为准）	km × 1000	3	10	20	30	40	50	60	70	80	90	100
	月数	3	6	12	18	24	30	36	42	48	54	60
充电系统		●		●		●		●		●		●
制冷系统		●		●		●		●		●		●
冷却系统		●		●		●		●		●		●
电池系统		●		●		●		●		●		●

注：●—检查，必要时调整、清理或更换。

表 7-5　底盘系统维护

维护操作		保养周期										
里程或月数（以先到者为准）	km × 1000	3	10	20	30	40	50	60	70	80	90	100
	月数	3	6	12	18	24	30	36	42	48	54	60
电动真空泵、控制器、真空罐		●		●		●		●		●		●
制动盘、摩擦片		●		●		●		●		●		●
制动液		●				▲				▲		
制动管路		●		●		●		●		●		●
减速器齿轮油		▲		▲		▲		▲		▲		▲
驱动轴		●		●		●		●		●		●
转向器、转向拉杆、悬架零件		●		●		●		●		●		●
轮胎换位（以里程为准）			●	●	●	●	●	●	●	●	●	●
空调滤清器		●		▲		▲		▲		▲		▲
底盘与身紧固件		T		T		T		T		T		T

注：●—检查，必要时调整、清理或更换；▲—更换；T—拧紧至规定力矩。

四、新能源汽车环车检查

各品牌新能源汽车的环车检查项目大致相同，检查内容见表 7-6。

表 7-6　新能源汽车环车检查内容

车型			车辆颜色	
检查人员			检查日期	
覆盖件名称	检查内容			处理方法
中网	□附着物　　□划痕 □缝隙不均匀　□破损			

（续）

车型		车辆颜色	
检查人员		检查日期	
覆盖件名称	检查内容		处理方法
快充口盖	□附着物　　□划痕　□缝隙不均匀 □钣金变形　□色差　□开关不正常　□密封不正常		
前保险杠	□附着物　　□轻微划痕　□缝隙不均匀 □严重划痕　□钣金变形　□色差		
前风窗玻璃	□有裂纹　□有破损		
左前照灯	□附着物　　□划痕　□缝隙不均匀 □雾气　　　□灯罩变色		
左前翼子板	□附着物　　□轻微划痕　□缝隙不均匀 □严重划痕　□钣金变形　□色差		
左侧裙	□附着物　　□轻微划痕　□缝隙不均匀 □严重划痕　□钣金变形　□色差		
左前门玻璃	□有裂纹　□有破损		
左前门	□附着物　　□轻微划痕　□缝隙不均匀 □严重划痕　□钣金变形　□色差　□密封条损坏		
左B柱	□附着物　　□轻微划痕　□缝隙不均匀 □严重划痕　□钣金变形　□色差		
左后门玻璃	□有裂纹　　□有破损		
左后门	□附着物　　□轻微划痕　□缝隙不均匀 □严重划痕　□钣金变形　□色差　□密封条损坏		
左C柱	□附着物　　□轻微划痕　□缝隙不均匀 □严重划痕　□钣金变形　□色差		
右侧裙	□附着物　　□轻微划痕　□缝隙不均匀 □严重划痕　□钣金变形　□色差		
行李舱盖	□附着物　　□轻微划痕　□缝隙不均匀 □严重划痕　□钣金变形　□色差　□密封条损坏		
左后翼子板	□附着物　　□轻微划痕　□缝隙不均匀 □严重划痕　□钣金变形　□色差		
左后尾灯	□附着物　　□划痕　□缝隙不均匀 □雾气　　　□灯罩变色		
后保险杠	□附着物　　□轻微划痕　□缝隙不均匀 □严重划痕　□钣金变形　□色差		
右后尾灯	□附着物　　□划痕　□缝隙不均匀 □雾气　　　□灯罩变色		
车顶	□附着物　　□轻微划痕　□缝隙不均匀 □严重划痕　□钣金变形　□色差		

（续）

车型		车辆颜色	
检查人员		检查日期	
覆盖件名称	检查内容		处理方法
后风窗玻璃	□有裂纹　□有破损		
右 C 柱	□附着物　□轻微划痕　□缝隙不均匀 □严重划痕　□钣金变形　□色差		
右后门玻璃	有裂纹　□有破损		
慢充口盖	□附着物　□划痕　□缝隙不均匀　□色差 □密封不正常　□钣金变形　□开关不正常		
右 B 柱	□附着物　□轻微划痕　□缝隙不均匀 □严重划痕　□钣金变形　□色差		
右前门玻璃	□有裂纹　□有破损		
右 A 柱	□附着物　□轻微划痕　□缝隙不均匀 □严重划痕　□钣金变形　□色差		
右前照灯	□附着物　□划痕　□缝隙不均匀 □雾气　□灯罩变色		

五、新能源汽车维护保养作业

以江淮 iEV 纯电动汽车为例，交车及定期维护保养作业单见表 7-7。

表 7-7　江淮 iEV 纯电动汽车交车及定期维护保养作业单

底盘号：			里程 /km：	终端号：	电话：	日期：
系统	序号	保养项目	保养内容			结果
电动化系统	1	充电系统	试充电 10min，确认充电功能正常			
	2	制冷系统	确认空调制冷、制热、除霜、除雾功能正常，制冷时压缩机无异响			
	3	绝缘电阻	充电插座的相线、零线对车身的绝缘电阻应大于 10MΩ			
			DC/DC 变换器输入端正、负引脚分别对车身测绝缘电阻，应大于 20MΩ			
	4	高压线束	检查插接件无松动、退针、生锈等现象，检查高压电缆与其他零部件之间无干涉、磨损现象，检查高压电缆波纹管内没有污垢与潮湿现象			
	5	DC/DC 变换器	KEY ON 后，测量 DC/DC 变换器输出端电压，应为（13.8±0.2）V			
			清理 DC/DC 变换器散热齿中的污垢			
			确认 DC/DC 变换器固定螺钉无松动、缺失、锈蚀等现象			

（续）

底盘号：			里程/km：		终端号：		电话：		日期：
系统	序号	保养项目	保养内容						结果
电动化系统	6	组合仪表	KEY ON后，3s自检时所有指示灯都点亮，仪表指针位置无异常，背光无闪烁，液晶屏显示清晰，高压接通提示音正常						
	7	低压电路	检查插接件是否有端子脱落、松动、进水、破损等情况，检查线束是否有老化现象						
			检查铅酸蓄电池是否亏电；检查正极连接线束是否有塑料护套，且塑料护套不翘起、不裸露铜片						
	8	整车动态检查	车辆起步、行驶、转弯、制动时，应无异响、无抖动						
	9	驻车系统	确认车辆坡道驻车正常，否则应予以调整						
	10	远程监控终端	1）KEY ON或充电状态下，检查车载远程终端CAN指示灯及GSM灯闪烁是否正常 2）电话确认与江淮汽车远程服务器是否正常连接						
底盘系统	1	电动真空泵及其控制器	KEY ON后，连续踩下制动踏板数次后真空泵开始工作，12s后停止，10min内不再起动						
	2	制动盘和摩擦片	检查前后制动器使用情况，确认摩擦片磨损量正常，且没有严重损坏						
	3	制动液	确认制动储液壶的液面高度在"MAX"标志和"MIN"标志之间						
	4	制动管和拉索	确认制动管路和驻车拉索表面没有不正常的附着物、泄漏、擦伤、磨损和老化等问题						
	5	减速器齿轮油	确认无漏油及渗油，首保后每1年或20000km更换润滑油，规格为85W/90-GL5，用量为1.7L						
	6	驱动轴及其护套	确认驱动轴和防尘罩没有开裂、磨损、破损或油脂泄漏等问题						
	7	转向器、转向拉杆和悬架零件	1）确认转向系统工作正常，转向时无异响、无振动、无阻滞，确认EPS工作正常，转向轻便，无一边轻一边重的现象 2）确认转向器外壳、护罩、转向器和转向拉杆以及其他零部件的连接没有松动 3）确认各防尘罩没有磨损、破损或油脂泄漏等问题 4）确认前、后轴承和悬架没有间隙过大、异响、破损或其他损坏						
	8	轮胎换位	确认轮胎无损伤、无严重老化、无严重磨损、无起包变形、无偏磨、胎压正常（250kPa），更换新轮胎时须进行轮胎换位						
	9	空调滤清器	检查空调滤清器表面是否破损，同时清洗滤芯，每1年或20000km更换一次滤芯						
	10	底盘、车身紧固件	确认动力总成、转向、制动、悬架系统紧固螺栓无松动、无机械损伤、无锈蚀现象						

第二节　新能源汽车 PDI

一、新能源汽车 PDI 基本概念

规范服务是汽车行业健康发展的需求，2017 年 3 月 10 日，中国汽车流通协会正式发布《乘用车新车售前检查服务指引（试行）》（以下称"指引"），至此行业惯例得以形成标准，行业服务也有望得到规范。该指引将进一步规范汽车的售前检查行为，有助于保护消费者和经销商的合法权益，促进国内汽车流通行业发展。

车辆在接受质检出厂后，因工厂到销售服务商之间的运输和销售前的保管状态，有可能会发生车体污损、质量劣化等初期故障，所以在向购买新车的用户交车前，售后服务商有义务检查车辆是否存在质量问题，并在确保车辆完好无损后交车，这项工作被称为新车交前检查（Pre-Delivery Inspection，PDI）。PDI 是国际上通行的做法，也是汽车行业独特的服务，其目的是"为消费者提供一辆合格的车"。PDI 是一种非常重要的售前检验，是在向用户交付新车前必须通过的整车质量检验。因为新车从生产厂家到经销商网点，大都经历了成百上千千米的运输颠簸和较长时间的停放，为了保证新车的安全性和原厂性能，PDI 必不可少。

1. 乘用车新车售前管理

乘用车新车售前管理主要包括物流方将乘用车新车运抵经销商处的验收检查、乘用车新车到经销商处后的检查、乘用车新车存储管理检查和乘用车新车交付消费者前的检查四部分。

（1）物流方将乘用车新车运抵经销商处的验收检查　一般要求经销商当场检查，并由物流方承运人与经销商双方签字确认。

（2）乘用车新车到经销商处后的检查　一般要求经销商收车后七天内完成检查，并要求对运抵后的所有车辆进行 100% 检查。

（3）乘用车新车存储管理检查　经销商按照汽车供应商要求，对存储七天以上的车辆进行的动态维护检查，要求对所有存储汽车进行 100% 检查。

（4）乘用车新车交付消费者前的检查　经销商将乘用车新车交付消费者前的最后一次检查。要求经销商按照供应商的规定与标准，对消费者所购乘用车新车进行检查和校正，该服务包括对乘用车新车外观（内外饰）和随车工具进行静态检查，对功能性零部件、机械构造等进行动态检查，通过检查发现并处理一切不符合供应商规定和标准的项目，并向消费者提供售前检查服务相关信息。

2. 服务项目

经销商应参照乘用车新车 PDI 表对交付消费者之前的乘用车新车进行逐项检查，也可自行制定或按照供应商要求制定检查项目，检查操作分为静态检查和动态检查，主要操作内容如下：

1）检查车辆前，应按照规定程序洗车。

2）根据售前检验单，核对配置单上的有关信息以及 VIN 码的一致性。

3）接通点火开关，待车辆自检结束后起动车辆，观察各种指针、指示灯是否正常。

4）系安全带，检查安全带指示灯是否熄灭。

5）将车辆开动行驶，检查转向、悬架、制动是否正常，然后停车熄火，拔出钥匙，完成动态检查。

6）打开前发动机舱盖，检查发动机舱内蓄电池、指示标签和铭牌、油液位置、旋盖松紧情况等。

7）检查车辆表面、风窗玻璃、前后灯光、车门门锁、车门密封条、轮胎型号及胎压、遥控防盗等部件是否正常。

8）进入驾驶室，检查天窗、刮水器、座椅、音响、空调、遮阳板、车辆内饰、后窗加热、行李箱等部件是否正常。

9）将检查结果填写在乘用车新车 PDI 表上，并将相关信息上报供应商。

3. 瑕疵项判断与处理

根据供应商的规定和标准判定瑕疵项，包括运输、储存瑕疵项和功能性瑕疵项。

1）运输瑕疵项是指在运输过程中造成的乘用车新车（含随车附件）的损坏、遗失、污染、附件与乘用车新车不符，以及出现非原厂规定部件等瑕疵项。

2）储存瑕疵项是指在经销商储存乘用车新车过程中发生的车身油漆表面斑点、蓄电池亏电、内外饰脏污等瑕疵项情况。

3）功能性瑕疵项是指由乘用车新车本身质量因素造成的功能性失效、配置错误等瑕疵项。

对于存在瑕疵项的车辆，经供应商判定无须返回供应商处理的，由经销商根据供应商的规定和标准对瑕疵项进行处理。但是，对于需要更换动力总成部件、车身需要大面积喷涂的乘用车新车，经销商应在供应商指导下进行修复。

4. 服务信息要求

（1）信息记录

1）车辆检查信息应具有可追溯性，为纠正、预防措施提供依据，必须准确、清楚、及时。

2）对于运输瑕疵项，应在收车检查时查出，并在车辆交接单上记录，由承运人与接车人双方签字确认。

3）对于储存瑕疵项，发生在经销商接收之前的，应由经销商在收车检查时查出，且在交接单上记录，并与承运人共同签字确认；发生在经销商接收之后、交付消费者之前的，应由经销商修复并签字、盖章记录。

4）对于功能性瑕疵项，应将查出的问题信息上报至供应商指定系统，并注明"售前乘用车新车"字样。

（2）信息告知

1）乘用车新车交付消费者时，应向消费者提供乘用车新车 PDI 表。

2）乘用车新车交付消费者时，存在车辆动力系统、安全系统、底盘行驶系统、车身系统等主要零部件修复，并且修复率超过乘用车新车整车市场指导价 5% 的，应向消费者明确说明。

（3）信息管理

1）经销商应对乘用车新车售前检查服务信息进行管理，将相关记录、盖章表单装订成册、归档，或进行电子化管理，存档期不少于三年。

2）供应商应对经销商的乘用车新车 PDI 信息进行月度统计，并装订成册、归档，或进行电子化管理，存档期不少于两年。

二、新能源汽车 PDI 作业

某品牌新能源汽车出库 PDI 记录表见表 7-8。

表 7-8　出库 PDI 记录表

车型：　　　　　　　　颜色：　　　　　　　　车辆批次：

VIN 号：　　　　　　　检测日期：　　　　　　检查人员：

以下项目，在后面对应的检查结果内划√，需要修理的划 ×，漏装的划〇

检查项目	记录栏	签字栏				
A. 基本检查	问题描述	是否放行	质量签字	维修人签字	质量复检	PDI 复检
1. 全车漆面、玻璃、装饰条						
2. 全车各部位间隙、段差						
3. 全车标牌和 LOGO 标识						
4. 轮胎、轮辋						
5. 内饰部件装配						
6. 备胎、后置物台和备胎盖板						
B. 前发动机舱检查	问题描述	是否放行	质量签字	维修人签字	质量复检	PDI 复检
1. 整体目视检查（装调、渗、漏）						
2. 冷却液液位						
3. 制动液液位						
4. 玻璃水水位						
5. 蓄电池						
6. 线束 / 管路连接						
C. 车辆功能检查	问题描述	是否放行	质量签字	维修人员	质量复检	PDI 复检
1. 遥控器及钥匙						
2. 车门及行李舱						
3. 车门窗及天窗						
4. 中控门锁						
5. 主驾、副驾座椅及安全带						
6. 仪表盘各指示灯						
7. 导航仪及收音机						
8. 转向盘						
9. 照明灯光						
10. 指示灯光						
11. 刮水器						
12. 空调						
13. 后视镜（高配）						
14. 阅读灯						

（续）

以下项目，在后面对应的检查结果内划√，需要修理的划×，漏装的划○

检查项目	记录栏	签字栏				
C. 车辆功能检查	问题描述	是否放行	质量签字	维修人员	质量复检	PDI 复检
15. 遮阳板及化妆镜						
16. 发动机舱盖、充电口盖						
17. 倒车雷达						
18. 换档机构及驻车制动手柄						
19. 风窗加热						
20. 数据采集终端						
D. 其他检查	问题描述	是否放行	质量检查	维修人员	质量复检	PDI 复检
出租车及特殊装配						

	左侧外观损伤标示图标注： × 表示划伤 △ 表示掉漆 ○ 表示漏装、缺件
	PDI 人员签字
	总装质检人员签字

注：每车一单，每份两联。第一联由服务管理部收回用于统计分析，第二联由总装车间随车流转使用。

参 考 文 献

[1] 瑞佩尔 . 新能源电动汽车维修彩色图解教程 [M]. 北京：化学工业出版社，2019.

[2] 杜慧起 . 新能源汽车维修从入门到精通 [M]. 北京：机械工业出版社，2019.

[3] 胡欢贵 . 新能源汽车关键部件结构图解手册 [M]. 北京：机械工业出版社，2019.